「言いたいこと」から引ける

敬語辞典

Nishitani Hiroko
西谷裕子 ［編］

東京堂出版

はじめに

　敬語は相手とのコミュニケーションをはかる上で重要な働きをしますが、正しい敬語を使ってはじめてその役目を果たします。

　こんなとき敬語でどう言えばよいのかわからない、敬語と思って使ったけれど自信がない、そんな人のために、本書は「会う」「決める」「説明する」「意見」「気持ち」といった、ふだん使う言葉を見出し語とし、その言葉を引くことで敬語を知ることができるようにしました。それぞれの敬語には用例を付け、実際に使うときの注意点や間違い例などを示してあります。特に間違えやすい敬語は、巻末に「パターンで覚えるＮＧ敬語」としてまとめましたので参考にしてください。

　近年は敬語を意識するあまり、間違って使ったり、必要もないのに使ったりするケースが多く見受けられます。以下は実際に耳にした間違い例です。

旅行から帰った人に 「**いつお帰りになられたのですか**」

　　　尊敬語の「お帰りになる」に、さらに尊敬語の「られる」をつければ二重敬語になってしまいます。正しくは「お帰りになったのですか」と言います。

道を尋ねられて 「**そこの交番で伺ってください**」

　　　「伺う」は「聞く」の謙譲語。これでは相手に謙譲語を使わせることになります。正しくは「聞いてください」「お聞きになってください」のように言います。

台風時に被害状況を尋ねて 「**そちらは停電されてますか**」

　　　テレビニュースの中での記者の電話取材ですが、「停電」に敬語は不要です。この場合は「停電していますか」でよいのです。

こうした例のほかにも、自分のすることに何でも「～（さ）せていただく」を使って必要以上にへりくだったり、やたらに「お」や「ご」を付けたりと、正しい敬語、美しい敬語とはいえないケースがたくさんあります。

　敬語には一定の決まりがあります。その決まりをしっかり覚えさえすれば、その時々に応じて正しく敬語を使うことができます。本書が今一度、ご自分の敬語の使い方を確かめるきっかけとなれば幸いです。

　最後に、本書の執筆から刊行までお世話になりました、東京堂出版編集部の酒井香奈氏に心より御礼申し上げます。

　2019年秋

西谷裕子

目　次

はじめに　1

敬語の仕組み　4

本書の見方　8

「言いたいこと」から引ける 敬語辞典　11〜244

パターンで覚える NG 敬語　245
❶ お[ご]〜になられる
❷ お[ご]〜される
❸ お[ご]〜してくださる・お[ご]〜していただく
❹ お[ご]〜できる
❺ さ入れ言葉
❻ 「〜(さ)せていただく」の使いすぎ

コラム 相手のすることに「お[ご]〜する」は使わない

項目一覧　253

主な参考文献・資料　257

敬語の仕組み

●敬語の種類

　敬語には、「尊敬語」「謙譲語」「丁重語」「丁寧語」「美化語」の5種類があります。そのほかに本書では、くだけた言葉やふだんの言い方の改まった言い方を「改まり語」として取り上げています。
＊「丁重語」は謙譲語の一種として4種類とする場合もあります。

尊敬語

　相手（相手側）を自分より高い位置に置いて、相手を「立てる（高める）」表現。
　尊敬語専用の言葉に言い換える方法（例 食べる・飲む→召し上がる、見る→ご覧になる）と、普通の言葉の前後に敬語を付け足す方法（例 参加する→参加される、休む→お休みになる、活躍する→ご活躍なさる）などがあります。

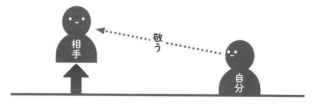

》》 尊敬語は、相手を立てる表現。

謙譲語

　自分（自分側）を相手より低い位置に置くことで、結果として相手を高める表現。

　謙譲語専用の言葉に言い換える方法（例 言う→申し上げる、行く→伺う、見る→拝見する）と、普通の言葉に敬語を付け足す方法（例 知らせる→お知らせする・お知らせ申し上げる、協力する→ご協力する、休む→休ませていただく）などがあります。

＊自分側の動作で、相手にはその効果が及ばない場合は、謙譲語は使いません（例：困る・疲れる・目覚める）。

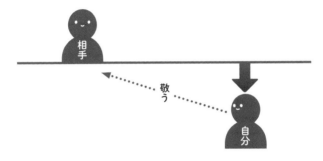

》》 謙譲語は、自分を低めて相手を敬う表現。

丁重語

　自分（自分側）の動作や物事を丁重に述べることで、聞き手に対する敬意を表します。

例 言う→申す、行く・来る→参る、いる→おる、思う・知る→存じる、する→いたす

》》 丁重語は、自分（自分側）のことを丁重に言うことで聞き手を敬う表現。

丁寧語

　言葉遣いを丁寧にして、相手に敬意を表します。

　「です」「ます」「ございます」などがあります。尊敬語・謙譲語・丁重語は、話し言葉では丁寧語を付けて使います。

例 明日は休みだ→明日は休みです、花が咲いている→花が咲いています、机の上にある→机の上にございます、お送りする→お送りします

≫　丁寧語は、相手に敬意を表していう丁寧な言い方。

美化語

　物事を美しく上品に表現するための言葉。

・言い換え表現

例 めし→ご飯、うまい→おいしい、便所→お手洗い

・「お」「ご」を付ける

例 お菓子、お金、お酒、お天気、おにぎり、ごちそう

≫　美化語は、上品な言い方。

改まり語

　ふだんの言い方に対して、公式の場や職場、接客など、その場にふさわしい改まった表現。

例 あっち・こっち→あちら・こちら、あとで→後ほど、すごく→とても・大変・すばらしく、だれ→どなた

≫　改まり語は、その場にふさわしい改まった表現。

付け足し型の敬語表現

尊敬語　　例

低　敬意　高

～れる・～られる	会われる／伝えられる
～される	びっくりされる／出席される
～なさる	ひと休みなさる／出席なさる
お[ご]～になる	お集まりになる／ご覧になる
お[ご]～なさる	お伝えなさる／ご挨拶なさる

低　敬意　高

| ～て[で]くださる | 教えてくださる／読んでくださる |
| お[ご]～くださる | お教えくださる／ご教示くださる |

謙譲語　　例

低　敬意　高

お[ご]～する	お聞きする／ご紹介する
お[ご]～いたす	お教えいたす／ご紹介いたす
お[ご]～申し上げる	お願い申し上げる／ご紹介申し上げる
～(さ)せていただく	送らせていただく／紹介させていただく

（相手に）

低　敬意　高

～て[して]いただく	助けていただく／案内していただく
お[ご]～いただく	お誘いいただく／ご案内いただく
お[ご]～願う	お話し願う／ご案内願う
お[ご]～にあずかる	おほめにあずかる／ご指名にあずかる

＊基本的に各グループの上から下にいくほど敬意が高くなる。

＊付け足し型より、尊敬語・謙譲語専用の言葉に言い換えたほうが敬意が高い。

例　来られる→いらっしゃる、お食べになる→召し上がる、お借りする→拝借する

7

本書の見方

本書の構成は以下のようになっています。

① 乗車する　〔じょうしゃする〕

② 尊 乗車される・(ご)乗車なさる・ご乗車になる・乗車してくださる・ご乗車くださる

③
● 発車までご乗車になって（✕ご乗車して）お待ちください。
● ただ今車内を清掃中ですのでご乗車になれません（✕ご乗車できません）。
● お客様は3号車のバスにご乗車ください（✕ご乗車してください）。

④
NG ご乗車になられる・ご乗車される・ご乗車してくださる・ご乗車できる

要求・依頼 乗車してください・ご乗車ください・乗車してくださいますか・ご乗車くださいますか

可能 ご乗車になれます　　**不可能** ご乗車になれません

Point 「お〔ご〕〜できる」は自分から相手に対して…することができるという意味の謙譲表現なので、相手の行為に対して「ご乗車できます」「ご乗車できません」のようにいうのは間違い。尊敬語で「ご乗車になれます」「ご乗車になれません」という。

謙 ご乗車する・ご乗車いたす・乗車させていただく　相手に 乗車していただく・ご乗車いただく・ご乗車願う

うまい

改 おいしい・美味

● この野菜はみずみずしくておいしいですね。
● お母さんの料理はどれもおいしい。
● 何かおいしいものが食べたい。
● これは美味ですね。

memo
⑤
● 「おいしい」は、味がよい意の女房詞「美しい」に接頭語「お」が付できた語。漢語で「美味」ともいうが、「おいしい」より改まった言い方
● 「うまい」には味のほかに、上手の意もある。⇨**上手**

① 見出し

ふだん使う言葉を五十音順に配列。空見出しは➡で送り先を示しています。

② 敬語の種類をアイコンで示し、その後に敬語表現を並べています。

尊 尊敬語　　**謙** 謙譲語　　**重** 丁重語

丁 丁寧語　　**美** 美化語　　**改** 改まり語

◆謙譲語の 相手に

謙譲語には自分の行為を指していう場合と、相手の行為を指していう場合があります。それを区別するため、相手の行為を指していう表現は 相手に のアイコンの後に掲げています。

③ 用例

④ NG例やポイントなど表現例の解説

NG ：間違った敬語表現

◆具体的にどう間違っているのかは、巻末の「パターンで覚えるNG敬語」で説明しています。

◆用例中に、特によく使われている誤った表現は ✖ で、あまり適切でない表現は ▲ で示しています。

要求・依頼 ：相手に何かを頼むときの表現

可能 ：「…することができる」というときの表現

不可能 ：「…することができない」というときの表現

◆要求・依頼、可能、不可能の表現は、その表現がよく使われる語に付けています。

Point ：その言葉を使うときのポイント

☝：上記解説への補足

⑤ memo

その項目全体についての補足事項を掲げています。

⑥ その他

・「Point」「memo」の中での参照先は⇨で示しています。

・用例中の敬語の言い換えは ［　］で示しています。

9

装丁・ブックデザイン：松倉　浩／鈴木友佳

「言いたいこと」から引ける
敬語辞典

●あいさつする

【あ】

挨拶する 〔あいさつする〕

尊 挨拶される・（ご）挨拶なさる

- ●会長は誰にでも気さくに挨拶される方です。
- ●披露宴では新婦のお父様がご挨拶なさった。

  NG ご挨拶される

謙 ご挨拶する・ご挨拶いたす・ご挨拶申し上げる・ご挨拶させていただく

- ●ご挨拶するのが遅れまして申し訳ありません。
- ●お客様にご挨拶しなさい。
- ●皆様に一言ご挨拶申し上げます。
- ●ご来賓よりご挨拶を賜りたいと思います。

memo
- 名詞の「ご挨拶」を使い、尊敬表現は「ご挨拶をされる ［なさる］」、謙譲表現は「ご挨拶を申し上げる」「ご挨拶をいただく ［頂戴する・賜る］」のようにいうこともできる。

相手 〔あいて〕

尊 お相手・先様

- ●ご結婚なさるそうですがお相手はどんな方ですか。
- ●先様にご都合をお聞きしてみます。

  Point 「先様」は相手方、先方の敬称。

会う 〔あう〕

尊 会われる・お会いになる・お会いなさる

- ●お二人はどこで会われたのですか。

12

●あがる

●部長があなたを探しておられたようですがお会いになりましたか。

●急な来客ですがお会いなさいますか（✖お会いされますか）。

NG お会いになられる・お会いされる

謙 **お会いする・お会いいたす・お会い申し上げる・会わせていただく・お目にかかる・お目文字する・拝謁する**

●駅でばったり先生とお会いした。

●お会いして［お目にかかって］ご相談したいことがあります。

●お目にかかれて光栄です。

●国王に拝謁する。

Point 「お目文字する」はお目にかかる意の古風な言い方で、手紙文などで使う。「拝謁する」は天皇や君主など身分の高い人に面会する意。

上がる 〔あがる〕

尊 **上がられる・お上がりになる・お上がりなさる・上がってくださる・お上がりくださる**

●先生は5階までエレベーターを使わず階段を上がられた。

●受付がお済みの方は2階にお上がりください。

●せっかく来ていただいたのですからお上がりになりませんか。

●お子さんはこの春小学校に上がられたそうですね。

NG お上がりになられる

要求・依頼 上がってください・お上がりください

謙 **上がらせていただく**

●（家の中に入るように言われて）お言葉に甘えて上がらせていただきます。

memo
● 「上がる」の敬語は、低い所から高い所に移動する、家の中に入る、入学するなどの意。ほかに、食べる、飲む、の尊敬語として使われる。⇨**食べる・飲む**

●あける

空ける 〔あける〕

尊 空けられる・お空けになる

● お隣は旅行でしばらく家を空けられる［お空けになる］そうです。

NG お空けになられる

謙 相手に 空けていただく

● 道を空けていただけますか。

● 午後から少し時間を空けていただきたいのですが。

開ける 〔あける〕

尊 開けられる・お開けになる・開けてくださる・お開けくださる

● 先生は教室に入ると空気を入れ換えるために窓を開けられた。

● 贈り物の包みをすぐにお開けになる。

● それではお手元の資料の入った封筒をお開けください。

NG お開けになられる

要求・依頼 開けてください・お開けください・開けてくださいますか・お開けくださいますか

謙 お開けする・開けさせていただく 相手に 開けていただく・お開けいただく

● 今ドアをお開けしますので少々お待ちください。

● それでは私が封を開けさせていただきます。

● 少し窓を開けていただけませんか。

要求・依頼 開けていただけますか・お開けいただけますか・開けていただけませんか・お開けいただけませんか・開けていただけないでしょうか

上げる 〔あげる〕

➡与える・やる

14

●あずかる

足 〔あし〕

尊 おみ足

● おみ足のおけがはいかがですか。

Point 「おみ（御御）」は名詞に付いて、尊敬の意を表す接頭語。

預かる 〔あずかる〕

尊 預かられる・お預かりになる・お預かりなさる・預かってくださる・お預かりくださる

● 田中さんは息子さん一家が留守中家の鍵を預かられた［お預かりになった］。

● ちょっと荷物を預かってくださいませんか。

NG お預かりになられる・お預かりされる・お預かりしてくださる

要求・依頼 預かってください・お預かりください・預かってくださいますか・お預かりくださいますか・預かってくださいませんか

謙 お預かりする・お預かりいたす・お預かり申し上げる・預からせていただく **相手に** 預かっていただく・お預かりいただく

● コートをお預かりします［お預かりいたします］。

● 手付金100万円は確かにお預かりいたしました。

● この件は一旦預からせていただく（✗預からさせていただく）ということでよろしいでしょうか。

● 荷物を預かっていただけますか［お預かりいただけますか］。

● 貴重品はお預かりできません［お預かりいたしかねます］。

NG 預からさせていただく

要求・依頼 預かっていただけますか・お預かりいただけますか・預かっていただけませんか・お預かりいただけませんか

可能 お預かりできます **不可能** お預かりできません・お預かりいたしかねます

●あずける

預ける 〔あずける〕

尊 預けられる・お預けになる・お預けなさる・預けてくださる・お預けくださる

- 旅行中お子さんをご両親に預けられた［お預けになった］。
- お荷物はクロークにお預けください。

  NG お預けになられる・お預けされる

謙 お預けする・お預けいたす・お預け申し上げる・預けさせていただく

- 係の方に書類をお預けしました。
- この問題についての判断は部長に一切お預けいたします。

遊ぶ 〔あそぶ〕

尊 遊ばれる・お遊びになる

- 来日した大使は過密スケジュールを縫って一日温泉で遊ばれたようです。
- お孫さんとはよくお遊びになりますか（✗お遊びになられますか）。

  NG お遊びになられる

謙 遊ばせていただく

- 子どものころ、お隣の庭でよく遊ばせていただきました（✗遊ばさせていただきました）。

  NG 遊ばさせていただく

与える 〔あたえる〕

尊 与えられる・お与えになる・くださる・与えてくださる・お与えくださる

- 監督は失策した選手に挽回のチャンスをお与えになった。

●あっち・あれ・あそこ

あ

●先輩が結婚祝いに置き時計をくださった。

●このような機会を与えてくださったことに感謝しています。

NG お与えになられる

[謙] **差し上げる・進呈・謹呈・献呈・献上** 　[相手に] **与えていただく・お与えいただく**

●お茶も差し上げずに失礼しました。

●ご応募の方全員に記念品を差し上げます［進呈いたします］。

●近著を謹呈いたします。

●このような機会を与えていただいたことに感謝しています。

Point 「進呈」はこちらから進んで差し上げる、「謹呈」はつつしんで差し上げる、「献呈」はたてまつる・差し上げる意。「謹呈」「献呈」は著書や品物を贈るときに、のし紙などの上書きとしても使われる。「献上」は身分の高い人に差し上げる・たてまつる意。それぞれの動詞「〜する」は、「進呈します」「進呈いたします」のように使われる。

[丁] **上げる**

●あなたにこの本を上げます。

●入学祝いに時計を上げよう。

Point 「上げる」は本来は動作を受ける人を高めていう謙譲語だが、相手への敬意は軽く、現在では丁寧な言い方として同等以下の人に使われる。また、人以外に動物・植物に対しても使うことがある。⇨やる

あっち・あれ・あそこ

[改] **あちら**

●出口はあちらです。

●あちらに見えるのがスカイツリーです。

●あちらの席にお座りください。

●あちら［あちらの物］を見せていただけますか。

●あちらの方［あちら様］が先ほどからお待ちです。

●あつまる

集まる 〔あつまる〕

尊 集まられる・お集まりになる・お集まりなさる・集まってくださる・
お集まりくださる・お揃いになる・一堂に会される・ご参集

- 各界の名士がお集まりになった［一堂に会された］。
- 本日はお集まりくださいましてありがとうございます。
- 参加をご希望の方はこちらにお集まりください。
- お客様がお揃いになりました。

NG お集まりになられる・お集まりされる

要求・依頼 集まってください・お集まりください・ご参集ください

謙 相手に 集まっていただく・お集まりいただく・お集まり願う

- 緊急の用件で委員の方々に集まっていただいた。
- 皆様、ホールのほうにお集まりいただけますか。

要求・依頼 集まっていただけますか・お集まりいただけますか・お集まり
いただけますでしょうか・お集まり願えますか

memo ⋯⋯⋯⋯⋯⋯⋯⋯⋯⋯⋯⋯⋯⋯⋯⋯⋯⋯⋯⋯⋯⋯⋯⋯⋯⋯⋯⋯⋯⋯

- 集まることの意の尊敬語「お集まり」「お揃い」「ご参集」を使い、「お集まり
  の皆様」「ここにお揃いの皆様方」「ご参集の皆様」のような言い方をする。
  漢語を用いた「ご参集」は格式ばった表現。この場合「参」が使われているが、
  謙譲の意味はなく、中立の言葉。「一堂に会する」は多くの人が一つの場所
  に集まる意。

集める 〔あつめる〕

尊 集められる・お集めになる・お集めなさる・集めてくださる

- こちらの書画は先代社長が生涯かけて集められたものです。
- こんなにたくさんの資料をよくお集めになりましたね。
- 子どもたちを体育館に集めてください。

NG お集めになられる・お集めされる

Point 「集められる」は可能の意味に受け取られることもあるので、紛らわ

●あやまる

しい場合は「お集めになる」を使うほうがよい。

謙 集めさせていただく　相手に　集めていただく

- プロジェクトのメンバーには即戦力となる若手を集めさせていただきました。
- できるだけ多くの情報を集めていただけますか。

謝る　〔あやまる〕

尊 謝られる・お謝りになる・詫びられる・お詫びなさる・謝罪される・謝罪なさる・陳謝される・陳謝なさる

- ご自分の不適切な言動で迷惑をかけた人たちに謝られた。
- 相手の方にご自分の非礼を詫びられた。
- 社長は会見で社員の不祥事を謝罪なさった。

NG お謝りになられる・お詫びされる

謙 お詫びする・お詫びいたす・お詫び申し上げる・謝罪申し上げる・陳謝申し上げる

- 開始時間が遅れましたことをお詫びします［お詫びいたします］。
- 皆様に多大なご迷惑をおかけしましたことを心よりお詫び申し上げます。
- 不適切な発言につきまして深く陳謝申し上げます。

丁 謝ります・すみません・ごめんなさい・申し訳ありません・申し訳ございません

- 不快な思いをさせたのなら謝ります。
- 納品が遅れまして誠に申し訳ありません［申し訳ございません］。

memo
- 尊敬語、謙譲語では「謝る」は「詫びる」「謝罪する」「陳謝する」などに言い換えることが多い。「陳謝」はわけや事情を述べて謝る意。
- 丁寧語は、「すみません」「ごめんなさい」より「申し訳ありません」「申し訳

●あらう

ございません」のほうがより丁寧な表現。

洗う 〔あらう〕

尊 洗われる・お洗いになる・お洗いなさる・洗ってくださる・お洗いくださる

- ●帰宅されるとすぐに手を洗われた［お洗いになった］。
- ●セーターはぬるま湯でお洗いください。

NG お洗いになられる

謙 洗わせていただく　相手に 洗っていただく

- ●髪を洗わせていただきますので、シャンプー台のほうにどうぞ。
- ●車を洗っていただけますか。

NG 洗わさせていただく

争う 〔あらそう〕

尊 争われる・お争いになる

- ●裁判で争われても勝ち目はないように思います。
- ●お二人で次期社長の座を争われている［争っていらっしゃる］。

NG お争いになられる

Point 「争っている」の尊敬表現は「争っていらっしゃる［おられる］」ということもできる。

memo

- 謙譲表現はない。

改める 〔あらためる〕

尊 改められる・お改めになる・お改めなさる・お改めくださる

- ●今度芸名を改められるそうですね。
- ●部長は必要書類が揃っているかどうか再度お改めになった。

●あらわす

●おつりです。どうぞお改めになってください［お改めください］。

NG お改めになられる

（あ）

謙 改めさせていただく

●会合の曜日を月曜から火曜に改めさせていただきます。

●所持品を改めさせていただきます。

memo
• 尊敬語、謙譲語ともに、変える、直す、調べる、確認するなどの意で使う。

表す 〔あらわす〕

尊 表される・お表しになる・表現される・表現なさる・表明される・表明なさる

●監督は受賞の喜びを全身で表された。

●この絵はご自身の思い出を表現なさっている。

●社内の不祥事に社長は遺憾の意を表された［表明された］。

NG お表しになられる

重 表現いたす・表明いたす

●自分の思いを一文字の書で表現いたしました。

●不戦の誓いをここに表明いたします。

memo
• 「表す」の代わりに「表現する」、考えや決意などの場合は「表明する」と言い換えることができる。
• 謙譲表現はない。

現す 〔あらわす〕

尊 現される・お現しになる・発揮される・発揮なさる

●先生は同窓会に姿を現された［姿をお見せになった］。

●先代社長は若くして経営の手腕を現された［発揮された］。

●ある

NG お現しになられる

memo ⋯⋯⋯⋯⋯⋯⋯⋯⋯⋯⋯⋯⋯⋯⋯⋯⋯⋯⋯⋯⋯⋯⋯⋯⋯⋯⋯⋯⋯⋯⋯⋯⋯⋯

- 姿を現す意では「姿をお見せになる」、能力の場合は「発揮される[なさる]」のように言い換えることもできる。
- 謙譲表現はない。

ある

尊 いらっしゃる・あられる・おありになる

- あの方は大学の先生でいらっしゃいます。
- 文壇の大家でいらっしゃる［あられる］方と同席できて光栄です。
- 物知りでいらっしゃいますね。
- 経営者としての責任がおありになる。
- 法律の知識がおありになる。

Point 人がその状態でいる意で「いらっしゃる」「あられる」、持っている、備わっているなどの意で「おありになる」という。「あられる」は古風な言い方。

丁 あります・ございます

- お探しの物はこちらにあります［ございます］。
- 山田様からお電話がありました［ございました］。
- 机の上に本が積んであります。
- ワインは各種揃えてございます。

Point 「～て［で］ある」の形で、今もその状態が続いていることを表す。

歩く 〔あるく〕

尊 歩かれる・お歩きになる・お歩きなさる・歩を進められる

- 駅まで歩かれますか［お歩きになりますか］。
- 祭壇に向かってゆっくりと歩を進められた。

NG お歩きになられる・お歩きされる

●あんないする

> **Point** 「歩かれる」は可能の意味にも取れるので、紛らわしいときは「お歩きになる」を使うほうがよい。また、「歩く」は「歩を進める」と言い換えることもできる。

memo ....

● 謙譲表現は通常使われない。

安心する 〔あんしんする〕

尊 安心される・(ご)安心なさる・安堵される・(ご)安堵なさる・安心してくださる・ご安心くださる・ご安堵くださる

● 遭難された息子さんが無事救助されたとわかって、さぞかし安心なさった［安堵なさった］ことでしょう。

● 問題は解決しましたのでご安心ください（✘ご安心してください）。

NG ご安心される・ご安心してくださる

重 安心いたす・安堵いたす

● 息子が無事に卒業できて安心いたしました［安堵いたしました］。

memo ....

● 「安堵」は心配事がなくなってほっと安心する意。

案内する 〔あんないする〕

尊 案内される・(ご)案内なさる・ご案内になる・案内してくださる・ご案内くださる

● 社長は海外からの視察団を工場に案内された。

● 学芸員の方が館内を案内してくださった（✘ご案内してくださった）。

NG ご案内になられる・ご案内される・ご案内してくださる

謙 ご案内する・ご案内いたす・ご案内申し上げる　[相手に] 案内していただく・ご案内いただく

● それでは係の者が席までご案内いたします。

23

●いい

- ●株主の皆様に新規事業内容をご案内申し上げます。
- ●町を案内していただけませんか（✘ご案内していただけませんか）。

NG ご案内していただく

いい

➡よい

言う 〔いう〕

尊 **言われる・おっしゃる・仰せられる・仰せになる**

- ●先生が言われた［おっしゃった］ことをしっかり胸に刻んだ。
- ●部長のおっしゃる通りです。
- ●そんな弱気なことをおっしゃらないでください。
- ●陛下は一刻も早く被災地を見舞いたいと仰せになった（✘仰せになられた）そうです。

Point

- 「言われる」は受け身の意と紛らわしい場合は「おっしゃる」を使うほうがよい。
- 「仰せられる」「仰せになる」はやや古風な言い方で、高貴な人に用いる場合が多い。

NG おっしゃられる・仰せになられる

謙 **申し上げる**

- ●私から申し上げることは何もありません。
- ●皆様には大変お世話になり心からお礼を申し上げます。

重 **申す**

- ●私は総務課の田中と申します。
- ●父が皆様によろしくと申しておりました。
- ●昔から血は水よりも濃いと申します。

24

●いく

●物を大切にしなければいけないことは申すまでもありません。

memo ··

● 外部の人に伝言を頼まれて、伝言を社内の者に伝えるということをその人にいう場合、「社に戻って担当者にその旨申しておきます」あるいは「申し伝えます」のように丁重表現でいう。社内の人が自分の上司であっても「部長に申し上げておきます」と謙譲表現を用いるのは間違い。

家 〔いえ〕

尊 お住まい・お宅・ご自宅・尊宅（そんたく）・尊家（そんか）・貴宅（きたく）・貴家（きか）

● お住まいは和風ですか。

● 立派なお宅ですね。

● ご自宅から駅までどのくらいかかりますか。

謙 拙宅（せったく）・小宅（しょうたく）・弊屋（へいおく）・寓居（ぐうきょ）

● わざわざ拙宅までお越しくださってありがとうございます。

美 お家（うち）

● さあお家に帰ろう。

● お家の掃除をする。

Point 場合によっては尊敬語にもなるが、目上の人に対して「お家」を使うのは適切ではない。

行く 〔いく〕

尊 行かれる・いらっしゃる・おいでになる・お越しになる・お運びになる

● これからどちらに行かれるのですか。

● 沖縄にいらっしゃった［おいでになった・お越しになった］ことはおありですか。

NG おいでになられる・お越しになられる・お運びになられる

25

●いけん

> **Point** 「行かれる」は「駅へ行かれますか」のように、可能の意と紛らわしい場合があり、尊敬の意をはっきりさせるためには「いらっしゃる」を使うほうがよい。

謙 伺う・お伺いする・お伺いいたす・上がる・参る・参上する

- 午前中に書類をいただきに伺います［参ります］。
- ご用があればこちらからお伺いします。
- ご注文の品をこれからお届けに上がります。
- 緊急の用とのことで官邸に急いで参上した。

> **Point**
> ・「お伺いする」「お伺いいたす」は二重敬語だが「伺う」をさらに高めた表現として慣用的に使われている。
> ・「参上する」はやや古風な言い方で、敬意の高い謙譲語。

重 参る

- これからも今まで以上に精進して参りたいと思います。
- 出張先の博多へは新幹線で参ります。
- 「どちらにお出かけですか」「これから叔母のところに参ります」
- 用事がすみ次第そちらに参ります。

memo
- 「参る」は謙譲語のほかに、自分の行為を相手に対して丁重に述べる語として使われる。

意見 〔いけん〕

尊 お考え・ご意見・（ご）高説・（ご）高見・貴意

- 皆様のご意見［お考え］をお聞かせください。
- 先生のご高説を拝聴する。
- 貴意を得たく、書面にてお伺いいたします。

> **Point** 「貴意」はあなたのお考え・ご意見の意で、手紙文で使うことが多い。

●いためる

謙 愚見・愚考・浅見・卑見

● 愚見を述べさせていただきます。

忙しい 〔いそがしい〕

尊 お忙しい・ご多忙

● ずいぶんとお忙しそうですね。

● お忙しいなか［ご多忙中］お越しくださいましてありがとうございました。

急ぐ 〔いそぐ〕

尊 急がれる・お急ぎになる・お急ぎなさる・急いでくださる・お急ぎくださる

● 先方への返答はできるだけ急がれたほうがよろしいかと存じます。

● まだ時間はありますからそんなにお急ぎにならなくても大丈夫です。

● まもなく締め切りますのでご応募の方はお急ぎください。

NG お急ぎになられる・お急ぎされる

要求・依頼 急いでください・お急ぎください・急いでくださいますか・お急ぎくださいますか

謙 相手に 急いでいただく・お急ぎいただく・お急ぎ願う

● 依頼した仕事を急いでいただくようにお願いした。

● 運転手さん、駅まで急いでいただけますか。

要求・依頼 急いでいただけますか・お急ぎいただけますか・お急ぎ願えますか

痛める 〔いためる〕

尊 痛められる・お痛めになる

● 転んで膝を痛められる［お痛めになる］。

●いっしょにいく

- 悲惨な状況を目の当たりにして胸を痛められた。
- お子さんの進学問題で頭を痛められている［痛めていらっしゃる］。

NG お痛めになられる

Point 「痛めている」の尊敬表現は「痛めていらっしゃる［おられる］」ということもできる。

一緒に行く 〔いっしょにいく〕

尊 （ご）一緒に行かれる・（ご）一緒にいらっしゃる

- 北海道旅行はどなたと一緒に行かれる［ご一緒にいらっしゃる］おつもりですか。

謙 ご一緒する・ご一緒いたす・お供する・お供いたす・ご一緒させていただく・お供させていただく

- 駅までご一緒いたします。
- 部長、今度の出張はご一緒させて［お供させて］いただきます。

Point 「お供させていただく」は、「お供する」が目上の人に付き従う意なので、ややこびる感があり、「ご一緒させていただく」のほうがすっきりした言い方になる。

いない

尊 おられない・いらっしゃらない・おいでにならない

- 社長は部屋にいらっしゃらなかった。
- その方は今ここにはいらっしゃいません［おいでになりません］。

重 おりません

- 申し訳ありません。田中はただ今席におりません［席を外しております］。

Point 席にいない場合は、「席におりません」より「席を外しております」のほうが具体的で、より丁重な言い方になる。

●いらいする

丁 いません

● 田中さんは会議中で今席にいません。

Point 丁寧語の「いません」は上下の関係にかかわりなく使うことができるが、目上の人や立場が上の人に対しては通常尊敬語、丁重語を用いる。

祈る 〔いのる〕

尊 祈られる・お祈りになる・お祈りなさる

● 神前に手を合わせ家内安全を祈られた［お祈りになった］。

NG お祈りになられる・お祈りされる

謙 お祈りする・お祈りいたす・お祈り申し上げる

● プロジェクトのご成功をお祈りしています［お祈りいたしております］。

● 皆様のご健康とご多幸を心よりお祈り申し上げます。

memo
● 神や仏に祈る場合は「祈願する」「祈念する」ということもできる。

依頼する 〔いらいする〕

尊 依頼される・（ご）依頼なさる・ご依頼になる

● 今度の仕事は新しい事務所に依頼なさってはいかがですか。

● 市場調査は専門機関にご依頼になる（✘ご依頼になられる）ようです。

NG ご依頼になられる・ご依頼される

謙 ご依頼する・ご依頼いたす・ご依頼申し上げる

● エッセーの執筆をご依頼したいのですが、いかがでしょうか。

memo
● 「依頼する」は「頼む」「願う」などに言い換えることができる。⇨**頼む・願う**

29

●いらない

要らない 〔いらない〕

尊 ご無用です・（ご）無用になさる

● ご心配はご無用です。
● 遠慮はどうぞ無用になさってください。

謙 [相手に] ご無用に願う

● お心遣いはご無用に願います。

丁 いりません・必要ありません・不要です・無用です

● 遠慮はいりません［無用です］。
● 雨具の用意は必要ありません。
● 会費は不要です。

改 結構です

● お酒はもう結構です。
● お見送りは結構です。

Point 「結構です」は、もう十分でこれ以上はいらないなどの意で、丁寧に断るときの改まった言い方。

要る 〔いる〕

尊 お要りになる・ご必要・ご入り用

● 何か書くものがお要りになりますか。
● 資金はどのくらいご必要［ご入り用］ですか。
● ご入り用のものがありましたら何なりとおっしゃってください。

NG お要りになられる

Point 「要る」の代わりに「ご必要」「ご入り用」を使っていうことが多い。

丁 要ります・必要です

● 復旧作業にはたくさんの人手が要ります。

●いれる

●準備期間として 1 か月は必要です。

居る 〔いる〕

尊 おられる・いらっしゃる・おいでになる

●社長は今会議室にいらっしゃいます［おられます・おいでになります］。

●田中様にお目にかかりたいのですが、どちらにいらっしゃいますか。

●あの方は喫茶店を経営していらっしゃる［おられる］そうです。

NG おいでになられる

重 おる

●明日は終日会社におります。

●（外部の人に部長の所在を聞かれて）部長は会議室におります（✕ いらっしゃいます）。

●家庭菜園で野菜作りを楽しんでおります。

Point 通常、「おります」の形で用いる。2 例目の場合は、外部の人に対しては上司であっても丁重語で「おります」といい、「いらっしゃいます」というのは間違い。

丁 います

●今図書館にいます。

●毎週英会話教室に通っています。

memo

● 「いる」は補助動詞として、尊敬表現は「〜していらっしゃる［おられる・おいでになる］、丁重表現は「〜しております」、丁寧表現は「〜しています」などの形で、動作の継続や状態を表す。

入れる 〔いれる〕

尊 入れられる・お入れになる・お入れなさる・入れてくださる・お

●いわう

入れくださる

- ●先生が生徒の作品に手を入れられた。
- ●紅茶にミルクをお入れになりますか。
- ●お子さんを私立の学校にお入れになった（✕お入れになられた）そうですね。
- ●貴重品はお部屋の金庫にお入れください。

NG お入れになられる・お入れされる・お入れしてくださる

要求・依頼 入れてください・お入れください・入れてくださいますか・お入れくださいますか

謙 **お入れする・お入れいたす・入れさせていただく** **相手に** **入れていただく**

- ●お品物と一緒にパンフレットもお入れしておきます。
- ●スーツにお名前をお入れしますか。
- ●お仲間に入れていただけませんか。

要求・依頼 入れていただけますか・入れていただけませんか

祝う 〔いわう〕

尊 **祝われる・お祝いになる・お祝いなさる**

- ●お子さんの３歳の誕生日をご家族で祝われた。
- ●パーティーを開いてご両親の金婚式をお祝いなさったそうですね。

NG お祝いになられる・お祝いされる

謙 **お祝いする・お祝いいたす・お祝い申し上げる**

- ●プロジェクトの成功をお祝いして乾杯しましょう。
- ●先生の還暦をお祝いいたしたく一席設けさせていただきました。
- ●この度の受賞、心からお祝い申し上げます。

●うけとる

引退する 〔いんたいする〕

尊 引退される・（ご）引退なさる・ご引退になる

- 現役を引退されるそうですね。
- 政界を引退なさる決心はいつされましたか。

NG ご引退になられる・ご引退される

謙 引退させていただく

- 今期限りで現役を引退させていただくことになりました。

重 引退いたす

- 会長職を後輩に譲り私は引退いたします。

植える 〔うえる〕

尊 植えられる・お植えになる・お植えなさる

- 畑には今何を植えられているのですか。
- 陛下は全国植樹祭で松の苗木をお植えになった。

NG お植えになられる・お植えされる

謙 お植えする・お植えいたす・植えさせていただく

- 畑の隅をお借りして野菜を少し植えさせていただいています。

受け取る 〔うけとる〕

尊 受け取られる・お受け取りになる・お受け取りなさる・お受け取りくださる・お納めになる・お納めなさる・お納めくださる・ご査収くださる

- お孫さんからの手紙をうれしそうに受け取られた［お受け取りになった］。
- 心ばかりのものですがどうかお受け取りください［お納めください］。

33

●うける

●書類をお送りいたしましたのでよろしくご査収ください。

NG お受け取りになられる・お受け取りされる・お納めになられる・お納めされる

要求・依頼 受け取ってください・お受け取りください・納めてください・お納めください・ご査収ください

Point 「受け取る」の代わりに「納める」を使うこともできる。「査収」は調べて受け取る意。

謙 お受け取りする・お受け取りいたす・いただく・頂戴する・頂戴いたす・拝受する・拝受いたす

●お手紙、本日確かにいただきました［頂戴しました］。
●ご著書をありがたく拝受いたしました。

Point 「お受け取りする」はいかにも事務的な言い方なので、「いただく」「頂戴する」「拝受する」と言い換えることが多く、そのほうが敬意が高い。

memo ‥‥‥‥‥‥‥‥‥‥‥‥‥‥‥‥‥‥‥‥‥‥‥‥‥‥‥‥‥‥‥‥‥

● つまらないものですが笑って受け取ってくださいの意で「ご笑納ください」というが、意味合いから目上の人に対しては「お納めください」というのが適切。

受ける 〔うける〕

尊 受けられる・お受けになる・お受けなさる

●文化勲章を受けられる［お受けになる・受賞なさる］。
●国賓の待遇を受けられる［お受けになる］。
●監督就任の要請をお受けになる。

NG お受けになられる・お受けされる

Point 賞の場合は「受賞する」と言い換えることができる。⇨**受賞する**

謙 お受けする・お受けいたす

●転勤の辞令をお受けする。
●謹んでお申し出をお受けいたします。

34

●うたう

可能 お受けできます　不可能 お受けできません・お受けいたしかねます

memo
• 引き受ける意でも用いられる。⇨**引き受ける**

あ

動かす 〔うごかす〕

尊 動かされる・お動かしになる

●部屋の雰囲気が以前と違うようですが家具を動かされましたか。

●健康のためにもっと体を動かされたほうがいいですよ。

NG お動かしになられる

謙 相手に 動かしていただく

●ここは駐車禁止ですのでお車を動かしていただけますか。

動く 〔うごく〕

尊 動かれる・お動きになる・お動きなさる

●手術後はすぐに動かれたほうが回復が早いようです。

●難しい交渉では部長自ら水面下でお動きになった。

NG お動きになられる

謙 相手に 動いていただく

●こちらの指示通りに動いていただけますか。

歌う 〔うたう〕

尊 歌われる・お歌いになる・お歌いなさる

●宴会で部長は持ち歌をお歌いになった。

NG お歌いになられる

●うたがう

謙 歌わせていただく

● ご指名をいただきましたので歌わせていただきます。

NG 歌わさせていただく

Point 「〜（さ）せていただく」は基本的には相手の許可や承認のもとに、そのことをやらせてもらうという意の謙譲表現なので、自分で自発的に歌うような場合にまで「歌わせていただきます」というのは適切ではない。

疑う 〔うたがう〕

尊 疑われる・お疑いになる・お疑いなさる

● 市長はそのニュースの真実性を疑われた［お疑いになった］。

● 部長は彼の言うことが本心かどうか疑われている［疑っていらっしゃる］ようです。

NG お疑いになられる

Point
● 「疑われる」は受け身の意もあるので、紛らわしいときは「お疑いになる」を使うほうがよい。
● 「疑っている」の尊敬表現は「疑っていらっしゃる［おられる］」ということもできる。

謙 お疑いする・お疑いいたす・お疑い申し上げる

● あなたをお疑いしているわけではありません。

打ち明ける 〔うちあける〕

尊 打ち明けられる・お打ち明けになる・お打ち明けなさる・吐露される・吐露なさる

● 友人に本当のことを打ち明けられた。

● 親しい人に真情を吐露される。

NG お打ち明けになられる

●うつ

謙 打ち明けさせていただく　**相手に** 打ち明けていただく

● 本当のお気持ちを打ち明けていただけませんか。

memo
• 言い換えの「吐露する」は心に思っていることを隠さずに述べる意。

打ち込む　〔うちこむ〕

尊 打ち込まれる・お打ち込みになる・お打ち込みなさる・没頭される・没頭なさる

● 教授はひたすらご自分の研究に打ち込まれています［没頭なさっています］。

● 最近何か打ち込まれていることがおありですか。

NG お打ち込みになられる・お打ち込みされる

memo
• 言い換えの「没頭する」は、ほかのことを忘れて一つのことに熱中する意。
• 「打ち込む」は相手にその行為が及ぶわけではなく、また、相手に許可を得ることでもないので、謙譲表現は使われない。

打つ　〔うつ〕

尊 打たれる・お打ちになる・お打ちなさる

● 転んで頭を打たれた［お打ちになった］そうですが、大丈夫ですか。

● 町内の野球大会でホームランを打たれたそうですね。

● それは早急に手を打たれたほうがよろしいですよ。

NG お打ちになられる

謙 打たせていただく

● ここに釘を打たせていただいてよろしいですか。

● おそば屋のご主人にお願いしてそばを打たせていただいた。

●うつる

移る　〔うつる〕

尊 移られる・お移りになる・お移りなさる

● 先輩は4月から別の部署に移られると伺いました。

● 新居ができて近いうちにお移りになるそうですね。

NG お移りになられる

謙 移らせていただく

● それでは次の課題に移らせていただきます（✕移らさせていただきます）。

NG 移らさせていただく

うまい

改 おいしい・美味

● この野菜はみずみずしくておいしいですね。

● お母さんの料理はどれもおいしい。

● 何かおいしいものが食べたい。

● これは美味ですね。

memo

● 「おいしい」は、味がよい意の女房詞「美しい」に接頭語「お」が付いてできた語。漢語で「美味」ともいうが、「おいしい」より改まった言い方。

● 「うまい」には味のほかに、上手の意もある。⇨上手

生まれる　〔うまれる〕

尊 お生まれになる・お生まれなさる

● 今朝早く男の子がお生まれになったそうです。

● 先生は下町でお生まれになった（✕お生まれになられた）と伺っています。

NG お生まれになられる

●えらぶ

あ

恨む　〔うらむ〕

尊 恨まれる・お恨みになる・お恨みなさる

● 田中さんは会社からの冷遇を恨まれているようです。

● 不本意な処分とは思いますがどうかお恨みにならないでください。

NG お恨みになられる・お恨みされる

謙 お恨みする・お恨みいたす・お恨み申し上げる

● あのとき冷たくされたことを今でもお恨みしています。

売る　〔うる〕

尊 売られる・お売りになる・お売りなさる・売却される・（ご）売却
なさる

● 市場の動きから見てその株は早く売られたほうがいいですよ。

● 先生は身辺整理でたくさんの蔵書をお売りになった。

● ご自宅をご売却なさる（✖ご売却される）際は当社にご連絡ください。

NG お売りになられる・ご売却される

謙 お売りする・お売りいたす・お売り申し上げる

● １ダース単位でお売りしています。

● どうしてもとおっしゃるならお売りいたします［お譲りします］。

memo ....

● 「売る」という直接的な言い方を避けて、婉曲表現で「譲る」が使われるこ
ともある。⇨**譲る**

選ぶ　〔えらぶ〕

尊 選ばれる・お選びになる・お選びなさる・選んでくださる・お選
びくださる

● お嬢様はご結婚相手にすてきな方を選ばれましたね。

39

●えんきする

- 娘さんは留学先にイギリスの大学をお選びになったのですね。
- どうぞお好きなものをお選びください。

NG お選びになられる

要求・依頼 選んでください・お選びください・選んでくださいますか・お選びくださいますか

Point 「選ばれる」は受け身の意味もあるので、紛らわしい場合は「お選びになる」または「お選びなさる」というほうがよい。

謙 お選びする・お選びいたす・お選び申し上げる・選ばせていただく 相手に 選んでいただく・お選びいただく

- お似合いになりそうなスーツをお選びしましょうか。
- こちらの作品を優秀賞に選ばせていただきました（**✗**選ばさせていただきました）。
- どちらかお好きな色を選んでいただけますか。

NG 選ばさせていただく

要求・依頼 選んでいただけますか・お選びいただけますか

延期する 〔えんきする〕

➡延ばす

援助する 〔えんじょする〕

尊 援助される・（ご）援助なさる

- 若い研究者を資金面で援助されているそうですね。
- 先生は働きながら学ぶ人たちを長年援助なさっています。

NG ご援助される

謙 ご援助する・ご援助いたす・ご援助申し上げる・援助させていただく 相手に 援助していただく・ご援助いただく・ご援助願う

- お困りのときはできる限りご援助いたします。

●えんりょする

●技術面で援助させていただきます。

memo ·····
- 「援助する」は力を貸して助ける、特に、金銭的に助ける意で使うことが多い。力を貸して助ける意では「支援する」「力添えする」ということもできる。
  ⇨**支援する**

遠慮する 〔えんりょする〕

尊 **遠慮される・(ご)遠慮なさる・遠慮してくださる・ご遠慮くださる**

- 若い人の集まりだからと部長は出席を遠慮された。
- ご遠慮なさらずにどうぞお召し上がりください。
- 車内での通話はご遠慮ください。

NG ご遠慮される・ご遠慮してくださる

要求・依頼 遠慮してください・ご遠慮ください・遠慮してくださいますか・ご遠慮くださいますか

謙 **ご遠慮する・ご遠慮いたす・ご遠慮申し上げる・遠慮させていただく** 相手に **遠慮していただく・ご遠慮いただく・ご遠慮願う**

- お見舞いはご遠慮申し上げます。
- お身内だけのお集まりのようですので私は遠慮させていただきます。
- 関係者以外の方の入室はご遠慮いただけますか（✗ご遠慮していただけますか）。

NG ご遠慮していただく

要求・依頼 遠慮していただけますか・ご遠慮いただけますか・ご遠慮願えますか

memo ·····
- 行動を抑える意では「控える」と言い換えることもできる。また、断る・辞退する意の婉曲表現としても使われる。⇨**控える・断る・辞退する**
- 名詞の「ご遠慮」を使って、「ご遠慮はいりません」「ご遠慮には及びません」のようにもいう。

41

●おきる

起きる 〔おきる〕

尊 起きられる・お起きになる・お起きなさる・起床される・(ご)起床なさる・ご起床になる

- ●いつも何時に起きられますか[起床されますか]。
- ●社長は毎朝6時にお起きになる[起床なさる]そうです。

NG お起きになられる・ご起床される

memo
- 目を覚まして寝床から出る意で、「起床する」ということもできる。
- 謙譲表現はない。

贈り物 〔おくりもの〕

美 お遣い物・ご進物

- ●お遣い物には何がよいか迷います。
- ●こちらはご進物用でしょうか。

memo
- 「進物」は「遣い物」よりも改まった語で、慶事や中元、歳暮など慣例的に贈る物をいう。

送る 〔おくる〕

尊 送られる・お送りになる・お送りなさる・送ってくださる・お送りくださる

- ●先方からの問い合わせメールにすぐに返事のメールを送られた[お送りになった]。
- ●駅まで車で送ってくださってありがとうございました。
- ●早急に契約書類をお送りくださいますか。

NG お送りになられる・お送りされる

要求・依頼 送ってください・お送りください・送ってくださいますか・お送りくださいますか

●おくる

謙 お送りする・お送りいたす・お送り申し上げる・送らせていただ
く　[相手に] 送っていただく・お送りいただく・お送り願う

● 玄関までお送りします。

● 用件はメールでお送りいたします。

● この荷物を明日午前中着で送っていただけますか。

NG 送らさせていただく

[要求・依頼] 送っていただけますか・お送りいただけますか・お送り願えま
すか

☞「送っていただけませんか」「送っていただけないでしょうか」のように、否
定の疑問形にするとより丁寧な言い方になる。

memo
• 品物や書類などを送る意では「送付する」ともいう。⇨**送付する**
• 人を見送る意でも用いる。⇨**見送る**

贈る　〔おくる〕

尊 贈られる・お贈りになる・お贈りなさる・贈ってくださる・お贈り
くださる・(ご)恵贈(けいぞう)くださる

● 先生は卒業生にはなむけの言葉を贈られた。

● 課長は部下の結婚のお祝いに1冊の本をお贈りになった。

● ご著書をお贈りくださいまして［ご恵贈くださいまして］ありがと
うございました。

NG お贈りになられる・お贈りされる

謙 お贈りする・お贈りいたす・お贈り申し上げる・贈らせていただく・
贈呈(ぞうてい)いたす　[相手に] 贈っていただく・お贈りいただく・(ご)恵贈
いただく・ご恵贈にあずかる

● お世話になっている人の誕生日のお祝いにお花をお贈りする。

● 最優秀賞に選ばれた方に賞状と記念品をお贈りいたします［贈呈い
たします］。

● ご著書をお贈りいただきまして［ご恵贈いただきまして］ありがと

●おこなう

うございました。

NG 贈らさせていただく

行う 〔おこなう〕

尊 行われる・される・なさる

● 山田さんはボランティアで町内の清掃活動をされています。
● 教授は学生たちと地震後の水質調査をなさった。

Point 「行われる」は受け身の意と紛らわしいこともあり、通常「される」「なさる」が使われる。

謙 行わせていただく・させていただく

● 荷物検査を行わせていただきます［させていただきます］。

NG 行わさせていただく

重 いたす

● 記念撮影をいたしますので、皆さんお集まりください。

丁 行います・します

● ただ今より避難訓練を行います。

memo
● 「行う」の直接の敬語表現は改まった言い方になるので、日常的には「する」の敬語表現を使うことが多い。⇨する

怒る 〔おこる〕

尊 お怒りになる・おいかりになる・激怒される・激怒なさる

● 社員の不祥事に社長は大変おいかりになった。
● 部長は信頼していた取引先に裏切られて激怒なさった。

NG お怒りになられる・おいかりになられる

Point 「怒る」の代わりに「いかる」のほか、「腹を立てる」「立腹する」、

44

●おさめる

激しく怒る意で「激怒する」などのようにいうことができる。

memo ⋯⋯⋯⋯⋯⋯⋯⋯⋯⋯⋯⋯⋯⋯⋯⋯⋯⋯⋯⋯⋯⋯⋯⋯⋯⋯⋯⋯⋯

あ

- 名詞の「おいかり」「お腹立ち」「ご立腹」を用いて、「おいかり ［お腹立ち］ はごもっともです」「社長はいたくご立腹のご様子だ」のようにいう。
- 謙譲表現はない。

収める 〔おさめる〕

尊 収められる・お収めになる・お収めなさる

- 剣道の全国大会でよい成績を収められたそうですね。
- 町内会の会長さんが近所のもめ事を丸く収められた［お収めになった］。

NG お収めになられる

謙 お収めする・お収めいたす・お収め申し上げる・収めさせていただく 相手に 収めていただく・お収めいただく

- 社長のおいかりをなんとかお収めすることができました。
- 出費はご予算の枠内で収めていただけますか。

要求・依頼 収めていただけますか・お収めいただけますか

納める 〔おさめる〕

尊 納められる・お納めになる・お納めなさる・納めてくださる・お納めくださる

- ご自分の思いをそっと胸に納められた。
- 今年山田さんは多額の税金をお納めになったようです。
- つまらないものですがどうぞお納めください。

NG お納めになられる

要求・依頼 納めてください・お納めください

謙 お納めする・お納めいたす・お納め申し上げる・納めさせていた

●おしえる

だく 　相手に 納めていただく・お納めいただく

● ご注文の品をお納めいたします［お納め申し上げます］。

● 会費を納めていただけますか。

要求・依頼 納めていただけますか・お納めいただけますか

memo
● 「納める」は受け取る意でも使われる。⇨**受け取る**

教える 〔おしえる〕

尊 教えられる・お教えになる・お教えなさる・教えてくださる・お教
えくださる・ 教授される・（ご）教授なさる・教授してくださる・
ご教授くださる

● こちらは大学で経済学をお教えになっている方です。

● 先生は人生で大切なことを教えてくださいました。

● その分野にはうといものですから、どうぞよろしくご教授ください。

NG お教えになられる・ご教授される

要求・依頼 教えてください・お教えください・ご教授ください

謙 お教えする・お教えいたす・お教え申し上げる 　相手に 教えてい
ただく・お教えいただく・ご教授いただく

● 私でよかったらお料理をお教えします［お教えいたします］。

● この言葉の意味を教えていただけますか。

● 世界経済の状況についてご教授いただきたいのですが。

要求・依頼 教えていただけますか・お教えいただけますか・ご教授いただ
けますか

　☝「お教えいただけませんか」「お教え願えないでしょうか」のように否定の疑
　問形にするとより丁寧な言い方になる。

memo
● 「教える」の代わりに「教授する」ということもできる。

46

●おどろく

落ち込む　〔おちこむ〕

尊 落ち込まれる・気を落とされる・肩を落とされる・落胆される・落胆なさる

- 先輩は職場で簡単なミスをして落ち込まれている。
- 山田さんは企画が見送りとなり、かなり気を落とされて［落胆なさって］いるご様子だ。

memo
- 「落ち込む」の代わりに、「気を落とす」「肩を落とす」「落胆する」などということもできる。

落とす　〔おとす〕

尊 落とされる

- もしもし、ハンカチを落とされましたよ。
- 弟さんは交通事故で命を落とされたそうですね。
- 1か月で体重を3キロも落とされたなんてすごいですね。

謙 落とさせていただく　　相手に 落としていただく

- テレビの音量を少し落としていただけますか。

驚く　〔おどろく〕

尊 驚かれる・びっくりされる・びっくりなさる・仰天される・仰天なさる・驚愕される・驚愕なさる

- 弟子の初出品で初入選の報にさすがの先生も驚かれた［びっくりされた］ようです。
- 若者のあまりにも奇抜なファッションにどなたも仰天された。
- 事態の思わぬ展開にその場にいた方々は驚愕なさった。

重 びっくりいたす・仰天いたす・驚愕いたす

47

●おぼえる

●子どもたちの記憶力のよさにはびっくりいたしました。
●思いもよらないできごとに仰天いたしております。

memo
・「驚く」の代わりに「びっくりする」「仰天する」「驚愕する」などということもできる。「仰天」「驚愕」は非常に驚く意。

覚える　〔おぼえる〕

尊 覚えられる・お覚えになる

●大学に入ってから車の運転を覚えられたそうですね。
●お酒の味を覚えられたのはいつごろですか。
●彼女とは同い年ということで親近感を覚えられたようです。
●人の顔と名前を覚えられる［お覚えになる］のが早いですね。
●子どものころのことを覚えていらっしゃいますか。

NG　お覚えになられる

Point　記憶している意の「覚えている」の尊敬表現は、「覚えていらっしゃる［おられる］」という。

memo
・「覚える」の敬語は、習得する、体得する、感情や感覚を覚える、記憶するなどの意で使われる。⇨**記憶する**
・謙譲表現はない。

思う　〔おもう〕

尊 思われる・お思いになる・お思いなさる・思し召す

●若者言葉をどう思われますか。
●先方が私のことをどうお思いになったのか心配です。
●愚か者と思し召して今回のことはどうかお許しください。

NG　お思いになられる

謙 存じる・存じ上げる

●かいしゃ

● お客様には淡い色がお似合いかと存じます。

● ご迷惑とは存じますが、ご一緒させていただけますか。

● ご健勝にお過ごしのことと存じ上げます。

memo ....

- 尊敬語の「思し召す」は古風で、敬意の高い言い方。

- 謙譲表現の「存じ上げる」は手紙文などで使うことが多く、かしこまった表現。

か

下りる　〔おりる〕

尊 下りられる・お下りになる・お下りなさる

● 部長は3階から1階まで階段で下りられた［お下りになった］。

● 山は暗くなる前に下りられたほうが安全です。

NG お下りになられる

降りる　〔おりる〕

尊 降りられる・お降りになる・お降りなさる

● 一駅前で電車を降りられて［お降りになって］ご自宅まで歩かれるそうですね。

● 事情があって報道番組の司会をご自分から降りられた。

NG お降りになられる

謙 降りさせていただく

● この仕事からは降りさせていただきます。

【か】

会社　〔かいしゃ〕

尊 御社・貴社

● 明日午前中に御社にお伺いいたします。

49

● がいしゅつする

● 貴社におかれましてはますますのご発展をお祈り申し上げます。

Point 「貴社」は手紙文など、書き言葉で使われることが多い。

謙 弊社（へいしゃ）・小社（しょうしゃ）・私（わたくし）ども

● 弊社の製品をご愛用いただきましてありがとうございます。

● ご自宅のリフォームなら私どもにご用命ください。

Point へりくだった気持ちを表す「ども」を用いて、「私ども」「手前（てまえ）ども」という言い方もする。このときの「私」は改まった言い方で「わたくし」という。

外出する 〔がいしゅつする〕

➡出かける

回復する 〔かいふくする〕

尊 回復される・（ご）回復なさる

● ご病気が一日も早く回復されることをお祈りしています。

● けがが回復なさったらご一緒にゴルフをしましょう。

● 元社長は裁判に勝利して名誉を回復された。

Point 最初の例は、「回復」の尊敬語の「ご回復」を使い「ご病気の一日も早いご回復をお祈りしています」のようにいうこともできる。

memo ⋯⋯⋯⋯⋯⋯⋯⋯⋯⋯⋯⋯⋯⋯⋯⋯⋯⋯⋯⋯⋯⋯⋯⋯⋯⋯⋯⋯⋯⋯⋯⋯⋯

• 病気やけがの場合は「快復」とも書く。

• 謙譲表現はない。

買う 〔かう〕

尊 買われる・お買いになる・お求めになる・お買い求めになる・お買い上げになる・購入される・（ご）購入なさる・ご購入になる

● 係長はつい最近マンションを買われた［購入なさった］そうです。

●かえす

- そのバッグすてきですね。どちらでお求めになりましたか（✖お求めになられましたか）。
- こちらの商品はネット通販でもお求めになれます（✖お求めできます・✖ご購入できます）。
- このネックレスはお求めになりやすい（✖お求めやすい）価格になっております。
- 当日券はチケット売り場でお買い求めください。

NG お買いになられる・お求めになられる・お買い求めになられる・お買い上げになられる・ご購入になられる・ご購入される・お求めできる・ご購入できる・お求めやすい

　👆 買うことが容易だという意で、「お求めやすい」というのは間違い。「やすい」は動詞の連用形に付いて複合形容詞として「求めやすい」というが、「お求め」とすると連用形ではなくなり、語形として成り立たない。たとえば「お食べやすい」とはいわないのと同じである。正しくは「お求めになりやすい」。

謙 買わせていただく

- （古道具屋で）お持ちいただいた時計ですが、このお値段でよろしければ買わせていただきます。

memo ⋯⋯⋯⋯⋯⋯⋯⋯⋯⋯⋯⋯⋯⋯⋯⋯⋯⋯⋯⋯⋯⋯⋯⋯⋯⋯⋯⋯⋯⋯⋯
- 相手の「買う」という行為に対しては、直接的な表現の「買う」より、「お求めになる」のように婉曲表現の「求める」を使うほうが丁寧で柔らかい言い方になる。

返す　〔かえす〕

尊 返される・お返しになる・お返しなさる・返してくださる・お返しくださる

- 友達に借りた自転車はもう返されましたか。
- 先生は読み終えた本を図書館にお返しになった。
- 入館証はお帰りの際受付にお返しください。

NG お返しになられる・お返しされる

要求・依頼 返してください・お返しください・返してくださいますか・お

51

●かえる

返しくださいますか

謙 お返しする・お返しいたす・お返し申し上げる　[相手に] 返していただく・お返しいただく

- お借りしていた本をお返しします。
- 商品にご満足いただけない場合は代金をお返しいたします。
- お貸しした資料ですが明日までにお返しいただけますか［ご返却いただけますか］。

　NG　お返ししていただく

　要求・依頼　返していただけますか・お返しいただけますか

memo
- 「返す」の代わりに「返却する」ということもできる。

帰る　〔かえる〕

尊 帰られる・お帰りになる・お帰りなさる・戻られる・お戻りになる・お戻りなさる

- 佐藤さんならもう帰られましたよ。
- 部長は明日出張からお帰りになる［お戻りになる］そうです。
- どうぞ気をつけてお帰りください。

　NG　お帰りになられる・お戻りになられる

　要求・依頼　帰ってください・お帰りください・帰ってくださいますか・お帰りくださいますか

謙 おいとまする・おいとまいたす・帰らせていただく・戻らせていただく　[相手に] 帰っていただく・お帰りいただく・戻っていただく・お戻りいただく

- そろそろおいとまします。
- 一足先に会社に帰らせていただきます［戻らせていただきます］。
- 今日のところはお帰りいただけますか。

●かく

　NG 帰らさせていただく

　要求・依頼 帰っていただけますか・お帰りいただけますか

重 失礼いたす

　●お先に失礼いたします。

memo
- もとの所に帰る意では「戻る」ともいう。また、相手に帰るよう促すときは「引き取る」を使っていうこともできる。⇨**引き取る**
- 謙譲語の「おいとまする」、丁重語の「失礼いたす」は、辞去する意の婉曲表現。

変える 〔かえる〕

尊 変えられる・お変えになる・お変えなさる

　●髪型を変えられたので別人かと思いました。

　●部長は予定を急きょ変更された。

　NG お変えになられる

謙 変えさせていただく　相手に 変えていただく

　●都合によりスケジュールを変えさせて［変更させて］いただきます。

memo
- 決められたことを変える意で「変更する」ということもできる。⇨**変更する**

書く 〔かく〕

尊 書かれる・お書きになる・お書きなさる・書いてくださる・お書きくださる

　●書類に必要事項を書かれたら［お書きになったら］ご提出ください。

　●先生がお書きになった（✕お書きになられた）エッセーを拝見しました。

　●アンケート用紙にご意見やご希望をお書きください。

●かくにんする

NG お書きになられる

要求・依頼 書いてください・お書きください・書いてくださいますか・お書きくださいますか

Point 「書かれる」には受け身の意があり、紛らわしいときは「お書きになる」を使うほうがよい。

謙 お書きする・お書きいたす・お書き申し上げる・書かせていただく 相手に 書いていただく・お書きいただく

● 書類の囲み以外の部分はこちらでお書きします［お書きいたします］。
● こちらの用紙にお名前とご住所をお書きいただけますか。

NG 書かさせていただく

要求・依頼 書いていただけますか・お書きいただけますか

確認する 〔かくにんする〕

➡確かめる

貸す 〔かす〕

尊 貸される・お貸しになる・お貸しなさる・ご用立てになる・ご用立てなさる・貸してくださる・お貸しくださる・用立ててくださる・ご用立てくださる

● 先生は学生にご自分の本をお貸しになった。
● どうかお力をお貸しください。
● 社長は古くからの友人に開業資金をご用立てなさった。
● いくらか貸してくださいませんか［用立ててくださいませんか］。

NG お貸しになられる・ご用立てになられる・ご用立てしてくださる

要求・依頼 貸してください・お貸しください・貸してくださいませんか・お貸しくださいませんか・用立ててくださいませんか・ご用立てくださいませんか

●かつ

謙 お貸しする・お貸しいたす・お貸し申し上げる・ご用立てする・ご用立ていたす・ご用立て申し上げる 　[相手に] 貸していただく・お貸しいただく・お貸し願う・用立てていただく・ご用立ていただく

- よろしかったら傘をお貸ししますよ。
- ちょっと書く物を貸していただけませんか。
- 少々のお金ならご用立てしましょう。
- 少し用立てていただけないでしょうか。

NG ご用立てしていただく

[要求・依頼] 貸していただけますか・お貸しいただけますか・貸していただけませんか・お貸しいただけませんか・お貸し願えませんか・用立てていただけませんか・ご用立ていただけませんか

memo ⋯⋯⋯⋯⋯⋯⋯⋯⋯⋯⋯⋯⋯⋯⋯⋯⋯⋯⋯⋯⋯⋯⋯⋯⋯⋯⋯⋯⋯⋯⋯⋯⋯⋯⋯

- 「用立てる」は金銭を貸す意。金銭の場合は直接的な言い方の「貸す」を避けて、この「用立てる」を使うことが多い。

家族 〔かぞく〕

尊 ご家族・ご一家

- ご家族は何人ですか。
- ご家族の皆様によろしくお伝えください。
- 田中さんは夏休みにご一家で旅行に出かけられるそうです。

重 家の者

- 家の者はただ今留守にしております。
- その件は家の者に相談して決めさせていただきます。

勝つ 〔かつ〕

尊 勝たれる・お勝ちになる・勝利される・勝利なさる

- 将棋でお孫さんに勝たれる［お勝ちになる］とうれしそうな顔をな

●がっかりする

さった。

●山本さんはシニアのテニス大会初戦で勝利なさった。

NG お勝ちになられる

謙 勝たせていただく

●いつも負けてばかりですが今度こそ勝たせていただきます。

memo

● 戦いや試合に勝つ意では「勝利する」と言い換えることができる。

がっかりする

尊 がっかりされる・がっかりなさる・(お)力を落とされる・落胆される・落胆なさる

●雨でお子さんの運動会が中止になって、さぞがっかりなさったことでしょう。

●ご子息を亡くされて、さぞかしお力を落とされたことでしょう。

●一度くらい失敗したからといってそんなに落胆なさることはありませんよ。

Point 2例目は名詞の「お力落とし」を用いて、「さぞかしお力落としのことでしょう」のようにいうこともできる。

重 がっかりいたす・落胆いたす

●今度の旅行にあなたが行かれないと伺ってがっかりいたしました。

●その映画のできの悪さには落胆いたしました。

memo

● 「力を落とす」はがっかりして気力をなくす意。「落胆する」は期待通りにならなくてがっかりする、失望する意。

活躍する 〔かつやくする〕

尊 活躍される・(ご)活躍なさる

56

●かにゅうする

- ●息子さんはグラフィックデザイナーとしてずいぶん活躍されていますね（✗ご活躍されていますね）。
- ●部長は学生時代テニスの選手としてご活躍なさったと伺っています。

NG ご活躍される

memo ⋯⋯⋯⋯⋯⋯⋯⋯⋯⋯⋯⋯⋯⋯⋯⋯⋯⋯⋯⋯⋯⋯⋯⋯⋯⋯⋯⋯⋯⋯⋯⋯⋯⋯⋯⋯
- 名詞の「ご活躍」を使って、「最近ご活躍のようですね」「ますますのご活躍をお祈りいたします」のようにもいう。
- 謙譲表現はない。

悲しむ 〔かなしむ〕

尊 悲しまれる・お悲しみになる・お悲しみなさる・嘆かれる・お嘆きになる・お嘆きなさる

- ●勉強もしないでそんなに遊んでばかりいると故郷のご両親は悲しまれますよ。
- ●先生は教え子の若すぎる死をお悲しみになった［お嘆きになった］。
- ●そんなにお嘆きになってはお体にさわりますよ。

NG お悲しみになられる・お嘆きになられる

memo ⋯⋯⋯⋯⋯⋯⋯⋯⋯⋯⋯⋯⋯⋯⋯⋯⋯⋯⋯⋯⋯⋯⋯⋯⋯⋯⋯⋯⋯⋯⋯⋯⋯⋯⋯⋯
- 「悲しむ」の代わりに「嘆く」ということもできる。
- 「悲しむ」の謙譲表現はないが、「とても悲しく思っております」のように丁重表現で自分の気持ちを表すことができる。

加入する 〔かにゅうする〕

尊 加入される・ご加入になる・（ご）加入なさる

- ● 4月から組合に加入された山田さんです。
- ●当会にはどなたでもご加入になれます（✗ご加入できます）。

NG ご加入になられる・ご加入される・ご加入できる

謙 加入させていただく　相手に 加入していただく・ご加入いただく

●かまう

●組合に加入していただけませんか。

NG ご加入していただく

memo
- 「加入する」の代わりに「入る」ということもできる。⇨**入る**

構う 〔かまう〕

(尊) **構われる・お構いになる・お構いなさる**

●どうぞ私のことはお構いにならないでください。

NG お構いになられる

(謙) **お構いする・お構いいたす**

●何もお構いしません［お構いいたしません］で申し訳ありません。

Point 名詞「お構い」を使って、「何のお構いもいたしませんで」のようにいうこともできる。

memo
- 「構う」の敬語は、気を遣う、世話をする、の意で使われる。

我慢する 〔がまんする〕

(尊) **我慢される・我慢なさる・辛抱される・辛抱なさる**

●カロリー制限で甘いものを我慢されているそうですね。
●治療中痛みを感じたら我慢なさらなくていいですよ。
●ワンマンな社長のもとでよく辛抱なさいますね。

(重) **我慢いたす・辛抱いたす**

●少々の不便は我慢［辛抱］いたします。

memo
- 「我慢する」の代わりに「辛抱する」ということもできる。

●かりる

通う 〔かよう〕

尊 通われる・お通いになる・お通いなさる

● ご子息は有名な大学に通われているそうですね。
● トレーニングジムには週に何回通われている［お通いになっている］のですか。

NG お通いになられる

謙 通わせていただく

● 上司に許可をいただいて週1回英会話の学校に通わせていただいています。

借りる 〔かりる〕

尊 借りられる・お借りになる・お借りなさる

● その本は図書館で借りられた［お借りになった］のですか。
● 先輩は起業のための資金を銀行から借りられた［お借りになった］そうですね。

NG お借りになられる

Point 「借りられる」は受け身や可能の意があるので、紛らわしいときは「お借りになる」を使うほうがよい。

謙 お借りする・お借りいたす・拝借する・拝借いたす・拝借させていただく

● ちょっと傘をお借りします。
● この場をお借りして一言ご挨拶申し上げます。
● 先生からご本を拝借しました。
● お知恵をお借りしたい［拝借したい］のですが。

Point 「拝借」は借りることの謙譲語。「お借りする」より「拝借する」のほうが敬意が高い。

59

●かわす

交わす 〔かわす〕

尊 交わされる・お交わしになる

- お二人は初対面の挨拶を交わされた。
- サミットでは各国首脳が活発に意見を交わされた。

NG お交わしになられる

謙 交わさせていただく

- あの方とはパーティーでお会いしたときに二言三言ですが言葉を交わさせていただきました。

変わる 〔かわる〕

尊 変わられる・お変わりになる・お変わりなさる

- お子さんができてすっかり変わられましたね［お変わりになりましたね］。
- 若いころと少しもお変わりになりませんね。

NG お変わりになられる

memo
- 自分の「変わる」という行為は相手にはかかわりのないことなので、謙譲表現はない。

考える 〔かんがえる〕

尊 考えられる・お考えになる・お考えなさる・考えてくださる・お考えくださる

- このデザインはどなたが考えられたのですか。
- この件は承諾される前によくお考えになったほうがよろしいですよ。
- 新企画を立案しましたのでぜひご一考ください。

NG お考えになられる

要求・依頼 考えてください・お考えください・お考えくださいますか

●かんどうする

謙 考えさせていただく　[相手に] **考えていただく・お考えいただく**

- その件は考えさせていただきます。
- 別の方法を考えていただけませんか。
- ご依頼の件、ご一考いただけないでしょうか。

(要求・依頼) 考えていただけますか・お考えいただけますか・考えていただけませんか・お考えいただけませんか・お考えいただけないでしょうか

memo
- 一度考えてみる、の意では「一考する」といい、「ご一考くださる」（尊敬）、「ご一考いただく」「ご一考願う」（謙譲）などの形で使われる。

感じる　〔かんじる〕

尊 感じられる・お感じになる・お感じなさる

- この絵をご覧になって何を感じられますか［お感じになりますか］。
- のどに痛みをお感じになって病院に行かれたそうですが、具合はいかがですか。
- 今回のことで責任をお感じになりませんか。

(NG) お感じになられる

(Point) 「感じられる」は受け身や可能の意もあるので、紛らわしいときは「お感じになる」というほうがよい。

memo
- 謙譲表現はない。

感動する　〔かんどうする〕

尊 感動される・感動なさる

- 小さな子どもたちの懸命な演技に招待客の皆さんは感動された。

重 感動いたす

- 日本人選手のすばらしい活躍に感動いたしました。

● がんばる

memo
- 「感動」は相手に感じさせてもらうものではないので、「感動させていただく」のような謙譲表現を使うのは適切ではなく、自分が感動した場合は「感動いたしました」と丁重語を用いる。

頑張る 〔がんばる〕

尊 励まれる・お励みになる・努力される・（ご）努力なさる・尽力される・（ご）尽力なさる

- 手術後懸命にリハビリに励まれて予想より早く職場に復帰された。
- 町の発展のために尽力された方を表彰する。

NG ご努力される・ご尽力される

謙 努力させていただく・努めさせていただく・尽力させていただく

- 皆様のお役に立てるよう精一杯努力させていただきます。
- 今後さらにサービス向上に努めさせていただきます。

重 努力いたす・尽力いたす

- 皆様のご期待に添えるよう精一杯努力いたす所存です。

Point 頑張っていくという意で、「努力して参る」の形で「今後一層努力して参ります」のようにいうこともできる。

memo
- 「頑張る」は困難や障害に負けず、一生懸命に物事をやる意。こうした人の内面、意志に関することは直接の敬語にはなりにくく、代わりに、「励む」「尽力する」「努力する」「努める」などに言い換えることが多い。
- 相手を励ます意味でいう「頑張ってください」は尊敬表現ではあるが、相手に頑張ることを要求することになるので、目上の人に用いるのは失礼になる。代わりに、「ご健闘をお祈りします」のようにいうことができる。
- 謙譲表現で「頑張らせていただく」ということがあるが、頑張ることは誰かに許可を得てするようなことではないので、この言い方は不適切。頑張るという意志を示したいのなら、丁重表現で「（精一杯）努力いたします」、あるいは、丁寧表現で「（精一杯）頑張ります」などのようにいう。

●きく

記憶する 〔きおくする〕

尊 記憶される・(ご)記憶なさる・ご記憶になる

● あの大事件のことはどなたもまだ記憶されていることと思います。

NG ご記憶になられる・ご記憶される

重 記憶いたす

● あの方と初めてお会いした日のことはよく記憶いたしております。

memo
● 「覚える」と言い換えることもできる。⇨**覚える**

着替える 〔きがえる〕

尊 着替えられる・お着替えになる・お着替えなさる・お召し替えになる・お召し替えなさる

● 帰宅されると普段着に着替えられる［お着替えになる］。
● お茶会にいらっしゃるために和服にお召し替えになる。

NG お着替えになられる・お着替えされる・お召し替えになられる

謙 着替えさせていただく

● 雨に濡れたのでお部屋をお借りして着替えさせていただけますか。

聞く 〔きく〕

尊 聞かれる・お聞きになる・お聞きなさる・耳を傾けられる・お耳に入る・(ご)清聴

● コーチは監督が辞任なさるという話をいつお聞きになりましたか。
● あの先生は子どもたちの話にいつも熱心に耳を傾けられる。
● そのうわさが上司のお耳に入った。
● (講演の終わりに)ご清聴ありがとうございました。

●きずく

NG お聞きになられる・お聞きされる

Point 「清聴」は人が自分の話を聞いてくれたことに対してその人を敬っていう語で、通常「ご清聴」の形で使われる。

謙 お聞きする・お聞きいたす・聞かせていただく・伺う・お伺いする・お伺いいたす・承_{うけたまわ}る・拝聴_{はいちょう}する

● その話は前にもお聞きしました。
● お名前はかねがねお聞きしています［伺っております］。
● （電話で）田中は席を外しておりますので、私がご用件をお伺いします［承ります］。
● 承るところによればご栄転だそうで、おめでとうございます。
● ご意見を拝聴します。

Point
● 言い換えとして「伺う」「承る」「拝聴する」ともいう。
● 「お伺いする」は「伺う」にさらに謙譲表現の「お〜する」を付け足したもので、本来は二重敬語だが、慣例的によく使われる。また、丁重語の「いたす」を付け足して、「お伺いいたす」ともいう。

memo
● 「聞く」の敬語は、耳で感じ取る、伝え聞く、聞き入れるなどの意のほか、尋ねる意でも使われる。⇨**尋ねる**

築く〔きずく〕

尊 築かれる・お築きになる・お築きなさる

● お二人が幸せなご家庭を築かれるよう祈っています。
● 社長は一代で今の会社を築かれた［お築きになった］。

NG お築きになられる

謙 築かせていただく

● お客様とは今後ともより一層の信頼関係を築かせていただきたいと思っております。

NG 築かさせていただく

64

●きづかう

期待する 〔きたいする〕

尊 期待される・(ご)期待なさる・ご期待になる・心待ちにされる・心待ちになさる

● ご両親は息子さんの将来に期待されている［期待なさっている］。

● お孫さんの誕生を心待ちにされている。

NG ご期待になられる・ご期待される

Point 「期待される」は受け身の意もあるので、紛らわしいときは「期待なさる」のようにほかの尊敬語を使うほうがよい。

重 期待いたす・心待ちにいたす

● またお目にかかれることを期待いたしております［心待ちにいたしております］。

memo
● 尊敬語、丁重語ともに、心の中で期待して待つ意の「心待ちにする」に言い換えていうこともできる。
● 目上の人に何かを期待するというのは失礼になるので、通常、謙譲表現は使われない。

気遣う 〔きづかう〕

尊 気遣われる・お気遣いになる・お気遣いなさる

● 具合の悪くなった人を優しく気遣われる。

● すぐに失礼しますので、どうぞお気遣いなさらないでください。

NG お気遣いになられる・お気遣いされる

謙 [相手に] 気遣っていただく・お気遣いいただく

● 新人のころ先輩に何かと気遣っていただいた。

memo
● 名詞の「お気遣い」を使い、「お気遣いをなさる」（尊敬）「お気遣いをいただく」（謙譲）のようにいうこともできる。

65

●きづく

気づく　〔きづく〕

尊 気づかれる・お気づきになる・お気づきなさる

● 財布を落とされたことにいつ気づかれましたか［お気づきになりましたか］。

● 部長は事の重大性に早くからお気づきになっておられた。

● お気づきになったことがありましたらなんなりとお聞かせください。

NG お気づきになられる

Point 3例目は名詞の「気づき」を使って、「お気づきの点はなんなりとお聞かせください」のようにいうこともできる。

謙 相手に 気づいていただく・お気づきいただく

● カーテンを替えたのですが、気づいていただけましたか。

気に入る　〔きにいる〕

尊 気に入られる・お気に召す・お眼鏡にかなう

● 部長はこのレストランの味がすっかり気に入られたご様子です。

● どうぞお気に召したほうをお持ちください。

● 社長のお眼鏡にかなう人材がなかなかいない。

NG お気に入られる

謙 相手に 気に入っていただく

● お土産のスカーフですが、気に入っていただければうれしいです。

memo

● 「お気に召す」はやや古風な言い方。仲間内などでからかいや皮肉の意味合いなどで「彼はどうも私の言ったことがお気に召さなかったようだ」のように使われることがある。

● 「眼鏡にかなう」は目上の人に認められ気に入られる意で、「お」を付けて尊敬表現となる。

●きにゅうする

気にする 〔きにする〕

尊 気にされる・(お)気になさる

● そんなのうわさですから気にされることはありませんよ。

● どうぞ私のことはお気になさらないでください。

謙 [相手に] 気にしていただく

● 私のことは気にしていただく必要はありません。

記入する 〔きにゅうする〕

尊 記入される・(ご)記入なさる・ご記入になる・記入してくださる・ご記入くださる

● 書類に必要事項をご記入になってお待ちください。

● こちらの書類にご住所とお名前をご記入ください。

NG ご記入になられる・ご記入される

要求・依頼 記入してください・ご記入ください・記入してくださいますか・ご記入くださいますか

謙 ご記入する・ご記入いたす・ご記入申し上げる [相手に] 記入していただく・ご記入いただく

● こちらにお名前とご住所をご記入いただけますか（**✗**ご記入していただけますか）。

NG ご記入していただく

要求・依頼 記入していただけますか・ご記入いただけますか

重 記入いたす

● 用紙の太線で囲った部分はこちらで記入いたします。

memo
● 「記入する」の代わりに、「書く」「書き入れる」ということもできる。⇨**書く**

●きぼうする

希望する 〔きぼうする〕

➡望む

決める 〔きめる〕

尊 決められる・お決めになる・お決めなさる

- ●旅行の行き先はお決めになりましたか。
- ●これは上層部が決められた［お決めになった］ことです。
- ●それはご自分でお決めになってください。

NG お決めになられる

謙 お決めする・決めさせていただく ［相手に］ **決めていただく・お決めいただく**

- ●スケジュールは私のほうでお決めしてよろしいでしょうか。
- ●勝手ながら席順はこちらで決めさせていただきました。
- ●式典の会場を早急に決めていただけますか。

memo

- ●「決める」の代わりに、「決定する」「決断する」「決心する」などに言い換えることもできる。⇨**決心する**

気持ち 〔きもち〕

尊 お気持ち・ご厚意・ご厚情・（ご）芳志・（ご）芳情

- ●あなたのお気持ちはよくわかります。
- ●お気持ちだけありがたく頂戴いたします。
- ●ご厚情に感謝いたします。
- ●ご芳志を賜り深謝申し上げます。

Point 「厚意」「厚情」は思いやりの厚い気持ちの意。「芳志」「芳情」は親切な気持ちの意。「芳」は他人についての事柄に付けて敬意を表す語なので、それだけで尊敬語だが、「ご」を付けていうこともある。

68

●きょうりょくする

謙 寸志・寸心・微意

●応援してくださった方々に感謝の微意をお伝えする。

Point 「寸志」「寸心」「微意」はわずかな気持ちの意で、自分の気持ちをへりくだっていう。「寸志」は心ばかりの贈り物、ささやかな謝礼の意で、「寸志ですがどうぞお納めください」と言ったり、贈り物や謝礼ののし紙に書いたりする。

客 〔きゃく〕

尊 お客さん・お客様

●お客さんはどちらからいらっしゃったのですか。
●お客様がお見えになりました。
●お客様、お食事のご用意ができました。

美 お客・お客さん

●今日はお客が少ない。
●お客［お客さん］を迎える準備を整える。

memo

• 尊敬語の「お客さん」は軽い尊敬の意を表す言い方で、「お客様」に比べると敬意が低い。どちらも呼びかけとしても使われる。特定の人に対してではなく、一般的に客をいう場合は「お客さん」は美化語となる。

協力する 〔きょうりょくする〕

尊 協力される・（ご）協力なさる・協力してくださる・ご協力くださる

●ご友人の新事業の立ち上げにご協力なさったそうですね。
●大会運営のために多くの方々がご協力くださった。
●募金活動にご協力ください。

NG ご協力してくださる・ご協力される

要求・依頼 協力してください・ご協力ください・協力してくださいますか・ご協力くださいますか

● きる

謙 ご協力する・ご協力いたす・ご協力させていただく　相手に **協力していただく・ご協力いただく・ご協力願う**

- ●私にできることでしたら喜んでご協力します［ご協力いたします］。
- ●緑化運動にご協力いただけませんか［ご協力願えませんか］。

NG ご協力していただく

要求・依頼 協力していただけますか・ご協力いただけますか・ご協力いただけませんか・ご協力願えますか・ご協力願えませんか

重 協力いたす

- ●できる限り協力いたします。

memo ⋯⋯
- ●「協力する」は「力添えする」「力を貸す」などに言い換えることもできる。

着る 〔きる〕

尊 召す・召される・お召しになる・着用される・（ご）着用なさる・ご着用になる・ご着用くださる

- ●和服をお召しになっている方が先生の奥様です。
- ●校長先生は卒業式にモーニングをご着用になった。
- ●晩餐会は礼服をご着用ください。

NG お召しになられる・ご着用になられる・ご着用される

要求・依頼 お召しください・ご着用ください

謙 着せていただく　相手に ご着用いただく

- ●いただいた洋服は大事に着せていただきます。
- ●（レストランで）上着をご着用いただけますか。

memo ⋯⋯
- ●「着用する」は堅い表現なので、公式の場や改まった場などで用いられることが多い。⇨**身につける**

●くばる

気をつける 〔きをつける〕

尊 気をつけられる・お気をつけになる・お気をつけなさる

- あの人には気をつけられたほうがよろしいですよ。
- 暗いですから足元にお気をつけになってください［お気をつけください］。

memo
- 謙譲表現で「気をつけさせていただく」ということがあるが、「気をつける」は自分側のことであって相手に及ぶことではないので、相手の許可や承認のもとにそれをする意の「～させていただく」という謙譲表現は不適当。

崩す 〔くずす〕

尊 崩される・お崩しになる・お崩しなさる

- 会長は暑さで体調を崩されたそうです。
- どうぞ膝をお崩しになってください。

NG お崩しになられる

謙 崩させていただく

- それでは失礼して膝を崩させていただきます。

配る 〔くばる〕

尊 配られる・お配りになる・お配りなさる

- 田中さんは旅行のお土産をご近所に配られた［お配りになった］。
- 課長は部下の一人ひとりに気を配られる方です。

NG お配りになられる

謙 お配りする・お配りいたす・お配り申し上げる・配らせていただく

- これからアンケート用紙をお配りしますのでご記入をお願いします。

●くやむ

●先ほどお配りいたしました資料をご覧ください。

NG 配らせていただく

悔やむ 〔くやむ〕

尊 **悔やまれる・お悔やみになる・お悔やみなさる・後悔される・後悔なさる**

●若いころの失敗をずっと悔やまれている［悔やんでいらっしゃる］。

●過ぎたことをお悔やみになっても［後悔なさっても］仕方のないことです。

NG お悔やみになられる

Point
● 「悔やんでいる」の尊敬表現は「悔やんでいらっしゃる［おられる］」ということもできる。
● 「悔やまれる」は自発の意もあるので、紛らわしいときは「お悔やみになる」「後悔なさる」などを使う。

謙 **お悔やみ申し上げる**

●お父様のご逝去を心からお悔やみ申し上げます。

重 **悔やんでおる・後悔いたす**

●若いころにしっかり勉強しなかったことを今になって悔やんでおります［後悔いたしております］。

memo
● 「悔やむ」は、あとから残念に思う意では「後悔する」と言い換えることもできる。
● 謙譲表現の「お悔やみ申し上げる」は、人の死を惜しみ悲しむ意。

暮らす 〔くらす〕

尊 **暮らされる・お暮らしになる・お暮らしなさる・過ごされる・お過**

72

●くる

ごしになる

● 退職後は田舎でのんびりとお暮らしになる［お過ごしになる］のが
夢だそうですね。

● お休みの日は何をして過ごされていますか。

NG お暮らしになられる・お過ごしになられる・お暮らしされる

memo ··

● 時間の中に身を置いて生活する意では「過ごす」ということもできる。⇨**過
ごす**

来る ［くる］

尊 来られる・見える・お見えになる・いらっしゃる・お出でになる・
お越しになる・お運びになる・来てくださる・お出でくださる・お
越しくださる・お運びくださる・ご足労

● どちらから来られましたか［いらっしゃいましたか］。

● 講師の先生はもうまもなくいらっしゃると思います。

● お客様がいらっしゃいました［お見えになりました・お越しになり
ました］。

● 我が家にもぜひ一度遊びに来てください［いらしてください］。

● 遠いところをようこそお出でくださいました［お越しくださいまし
た］。

● ご足労をおかけして申し訳ありません。

NG お出でになられる・お見えになられる・お越しになられる・お運びに
なられる

要求・依頼 来てください・いらっしゃって［いらして］ください・お出で
ください・お越しください・お運びください

Point

● 「来られる」は可能・受け身の意もあるので、紛らわしいときはほかの
尊敬表現を使う。

● 「いらっしゃった」「いらっしゃって」は「いらした」「いらして」の形
でも使う。

● 「足労」は足を疲れさせる意で、「ご足労」の形で、相手を敬って、その

●くるしむ

人にわざわざ来てもらうことをいう。

謙 参る 相手に **来ていただく・お出でいただく・お越しいただく・お運びいただく**

●すぐに係の者が参りますので少々お待ちください。
●誠に申し訳ございませんが明日当社までお越しいただけないでしょうか。

要求・依頼 来ていただけますか・来ていただけませんか・お出でいただけますか・お出でいただけませんか・お越しいただけませんか・お運びいただけませんか

重 参る

●本日は部長の代理で参りました。
●こちらに越して参りまして3年になります。
●お客様、お車が参りました。
●雨が降って参りました。

memo
- 外部の人に対して社内や身内の者が来ることを言うとき、自分より目上の人であっても尊敬語ではなく謙譲語を使う。 例部長はただ今参ります（✖来られます）ので、こちらでお待ちください。
- 「参る」は謙譲語のほかに、聞き手への丁重な表現として、自分の行為を述べたり、敬意を表す必要のない第三者や物などについて述べたりするときに使う。

苦しむ 〔くるしむ〕

尊 苦しまれる・お苦しみになる・お苦しみなさる

●若いころから腰痛に苦しまれてきた。
●親友を裏切ったという罪悪感で長い間お苦しみになった。

NG お苦しみになられる

memo
- 謙譲表現はない。

74

●くろうする

くれる

尊 くださる

● お隣の方が家庭菜園でとれた野菜をくださった。

● その件については専門家の方が助言をくださった。

● 少し考える時間をください。

● お話ししたいことがありますのでお電話をください。

● 急な雨で親切な方が傘を貸してくださった［お貸しくださった］。

● 先輩が手伝ってくださったので仕事が早くすみました。

● 当方の事情をご理解くださり（✘ご理解してくださり）ありがとうございます。

● こちらで少々お待ちください。

● どうぞお手に取ってご覧ください。

● 本当のことを教えてくださいますか［教えてくださいませんか］。

memo

● 「くださる」は動詞の連用形や漢語サ変動詞の語幹に付いて「～してくださる」「お［ご］～くださる」の形で、目上の人が自分に恩恵的な行為をしてくれる意の尊敬表現になる。

● 「お［ご］～くださる」に「して」を付けて、「ご理解してくださる」のようにすると、相手に謙譲表現を使わせることになり、間違い。

● 「ください」は「くれ」の尊敬語。

● 「ください」「～してください」は、与えてほしい、～してほしい意で、上下関係のない場合や目下の人に対しても丁寧な言い方として用いられる。
　例 （店先で）「りんごを２つください」・（相手に）「小さい子から順番に並んでください」

苦労する 〔くろうする〕

尊 苦労される・（ご）苦労なさる

● 機械が苦手な部長は新しいパソコンの扱いに苦労されている。

● 若いころはずいぶんご苦労なさった（✘ご苦労された）ようですね。

NG ご苦労される

75

●くわえる

memo ┈┈

● 「ご苦労様」は苦労をかける相手に骨折りをねぎらっていう言葉で、通常目上の者が目下の者に対していう。目上の人には「お疲れ様」という。⇨**疲れる**

加える 〔くわえる〕

尊 **加えられる・お加えになる・お加えなさる**

● 編集長は部下の原稿に手を加えられた。

● 監督は日本代表チームのメンバーに新人をお加えになった。

NG お加えになられる

謙 **加えさせていただく**

● この度皆様のお仲間に加えさせていただくことになりました。

契約する 〔けいやくする〕

尊 **契約される・（ご）契約なさる・ご契約になる・契約してくださる・ご契約くださる**

● 事業刷新を図るために社長は経営コンサルタント会社とご契約なさった。

● 今月中にご契約くださるといろいろな特典がございます。

NG ご契約になられる・ご契約される・ご契約してくださる

謙 **ご契約する・ご契約いたす・ご契約申し上げる・契約させていただく** 相手に **契約していただく・ご契約いただく**

● この条件で契約させていただけますか。

● この度はご契約いただきましてありがとうございました。

NG ご契約していただく

●けっしんする

消す 〔けす〕

尊 消される・お消しになる・お消しなさる

- あの方が政界から姿を消されて久しい。
- 息を吹きかけてろうそくの火をお消しになる。

NG お消しになられる・お消しされる

謙 お消しする・お消しいたす・消させていただく **[相手に]** 消していただく・お消しいただく

- 不要なデータはお消ししてよろしいですか。
- 明かりを消していただけますか。

結婚する 〔けっこんする〕

尊 結婚される・(ご)結婚なさる・結婚してくださる

- 結婚されたらどちらにお住まいになるのですか。
- 近くご結婚なさると伺いました。
- ぼくと結婚してください。

NG ご結婚される

謙 結婚させていただく **[相手に]** 結婚していただく

- 私と結婚していただけませんか。

memo
- 男性が相手の親に結婚の許可を求めるときには、尊敬表現で「お嬢さんと結婚させてください」、謙譲表現で「お嬢さんと結婚させていただけませんか」などという。

決心する 〔けっしんする〕

尊 決心される・(ご)決心なさる・決められる・お決めになる

- よく転職を決心されましたね［お決めになりましたね］。

●けんがくする

●息子さんは家業を継ぐことを決心なさったのですね。

NG お決めになられる・ご決心される

[重] **決心いたす**

●故郷に帰って第二の人生を送ろうと決心いたしました。

●この度早期退職を決心いたしました。

memo
- 「決心する」の代わりに「決める」ということもできる。⇨**決める**

見学する 〔けんがくする〕

[尊] **見学される・(ご)見学なさる・ご見学になる**

●来日したフランス大使は漆器の工房を見学された［ご見学になった］。

●作業場をご見学になりますか（✘ご見学になられますか）。

NG ご見学になられる・ご見学される

[謙] **見学させていただく**

●英会話の授業を見学させていただけますか。

元気 〔げんき〕

[尊] **お元気・ご壮健・ご健勝**

●お元気にお過ごしですか。

●お元気［ご壮健］で何よりです。

●ますますご健勝のこととお慶び申し上げます。

memo
- 相手の健康を尋ねるときなどに、「元気」という言葉を使わずに「お変わりありませんか」「お変わりなくて何よりです」のように婉曲的に表現すると柔らかい言い方になる。
- 「壮健」は体が丈夫で元気なこと。「健勝」は健康で元気なこと。多く、手紙文で使う。

●こうりゅうする

検討する 〔けんとうする〕

尊 検討される・(ご)検討なさる・ご検討になる・検討してくださる・ご検討くださる

- マンションを購入なさるときはご家族でよくご検討なさったほうがよろしいですよ。
- 我が社の新しいタイプの自動車保険をぜひご検討ください。

NG ご検討になられる・ご検討される・ご検討してくださる

謙 検討させていただく 相手に 検討していただく・ご検討いただく

- この件につきましては前向きに検討させていただきます。
- 我が社への融資をご検討いただけませんでしょうか。

NG ご検討していただく

後悔する 〔こうかいする〕

➡悔やむ

購入する 〔こうにゅうする〕

➡買う

交流する 〔こうりゅうする〕

尊 交流される・(ご)交流なさる

- 学長は留学生と交流なさる機会を大切にされている。

NG ご交流される

謙 交流させていただく

- あちらの学校とは姉妹校としてもう20年も交流させていただいています。

●こころづかい

心遣い　〔こころづかい〕

尊 お心遣い・ご配慮・ご高配

- お心遣いをいただきありがとうございました。
- どうかお心遣いはご無用に願います。
- なんとかご配慮をいただけないでしょうか。
- ご高配を賜りまして心より感謝申し上げます。

Point 「高配」は相手の配慮を敬っていう語。

答える　〔こたえる〕

尊 答えられる・お答えになる・お答えなさる・答えてくださる・お答えくださる

- 総理は会見で記者たちの質問に慎重に答えられた。
- 読者からの質問に書面でお答えになった。
- 会場にいらっしゃる方からの質問にお答えくださいますか。

NG お答えになられる

要求・依頼 答えてください・お答えください・答えてくださいますか・お答えくださいますか

謙 お答えする・お答えいたす・お答え申し上げる・答えさせていただく　**相手に** 答えていただく・お答えいただく・お答え願う

- そのご質問につきましては私のほうからお答えいたします［答えさせていただきます］。
- 私の質問にお答えいただけますか。
- 個人情報に関するご質問にはお答えできません［お答えいたしかねます］。

要求・依頼 答えていただけますか・お答えいただけますか・お答え願えますか

可能 お答えできる　**不可能** お答えできません・お答えしかねます・お答えいたしかねます

●ことわる

memo
- 「答える」の代わりに「返答する」ということもできる。

こっち・これ・ここ

改 こちら
- どうぞこちらにお越しください。
- こちらには長くお住まいですか。
- こちらの指示に従ってください。
- こちら［こちらの方、こちら様］はご友人ですか。
- こちらは職人の手作りによる家具でございます。
- こちらでお待ちください。

言葉 〔ことば〕

尊 お言葉・仰せ
- 来賓の方よりお言葉を頂戴いたします。
- 先輩にかけていただいたお言葉は決して忘れません。
- まったく社長の仰せの通りです。

memo
- 「仰せ」は「言う」の尊敬語「仰す」の連用形から。「仰せの通り」はお言葉のとおり、おっしゃるとおりの意。

断る 〔ことわる〕

尊 断られる・お断りになる・お断りなさる
- 部長は週末のゴルフの誘いをお断りになった（✕お断りされた）。

  NG お断りになられる・お断りされる

謙 お断りする・お断りいたす・お断り申し上げる
- 当店では飲食物のお持ち込みはお断りしております。

81

●このむ

●せっかくのお申し出ですがお断りいたします。

memo
- 「断る」は拒否する意では「辞退する」、遠回しな言い方で「遠慮する」と言い換えることもできる。⇨**辞退する・遠慮する**

好む 〔このむ〕

(尊) **好まれる・お好みになる・お好みなさる**

●部長はワインより日本酒を好まれる。

●外国からのお客様は和食をお好みになる方が多い。

NG お好みになられる

memo
- 名詞の「お好み」は好むこと、好むもの、の意で、「日本酒をお好みのようです」「部屋をお好みの色で統一されている」のようにいう。
- 謙譲表現はない。

こぼす

(尊) **こぼされる・おこぼしになる・おこぼしなさる**

●その方は友人のつらくて悲しいお話に涙をこぼされた。

●グラスを持つ手がすべってワインをこぼされた。

●先輩が愚痴をこぼされる［おこぼしになる］のを聞いたことがない。

NG おこぼしになられる・おこぼしされる

memo
- 謙譲表現はない。

困る 〔こまる〕

(尊) **困られる・お困りになる・お困りなさる**

●家の鍵を無くされてさぞかしお困りになった（✕お困りになられた）ことでしょう。

●さがす

NG お困りになられる

memo
- 名詞の「お困り」は困ったことの意で、困っている人に話しかけるときに「お困りのようですが大丈夫ですか」「お困りのことがありましたら何でもおっしゃってください」のようにいう。
- 謙譲表現はない。

転ぶ 〔ころぶ〕

尊 転ばれる・お転びになる・お転びなさる

- 雪道で転ばれてけがをされたそうですね。
- 急いでお転びになりませんようにお気をつけください。

NG お転びになられる・お転びされる

memo
- 謙譲表現はない。

壊す 〔こわす〕

尊 壊される・お壊しになる・お壊しなさる

- 体を壊されてしばらく休職なさったそうですね。
- お隣は古い家を壊されて二世帯住宅をお建てになった。

NG お壊しになられる・お壊しされる

memo
- 謙譲表現は通常使われない。

【さ】

探す 〔さがす〕

尊 探される・お探しになる・お探しなさる・探してくださる・お探しくださる

●さがる

- ●教授が資料の整理を手伝ってくれる学生を探されています［探して
  いらっしゃいます］。
- ●鍵を無くされたそうですが、かばんの中を捜されましたか［お捜し
  になりましたか］。
- ●ご両親は迷子になったお子さんを必死になって捜された。
- ●ご近所の方が旅行中に庭の水やりをしてくれる人を探してくださっ
  た。

NG お探しになられる・お探しされる

要求・依頼 探してください・お探しください・探してくださいますか・探
してくださいませんか

Point
- ●「探している」の尊敬表現は「探していらっしゃる［おられる］」という
  こともできる。
- ●名詞の「お探し」を使い、「何かお探しですか」「お探しの物は見つかり
  ましたか」のようにいう。

謙 **お探しする・お探しいたす・お探し申し上げる** **相手に** **探してい
ただく・お探しいただく**

- ●書類が見当たらないようですがご一緒にお捜ししましょうか。
- ●飼い猫がいなくなって近所の方にも捜していただいた。
- ●家族向けで交通の便のよい宿を探していただけますか。

要求・依頼 探していただけますか・お探しいただけますか・探していただ
けませんか

memo
- ●通常「捜査」「捜索」の意では「捜す」と書く。

下がる 〔さがる〕

尊 **下がられる・お下がりになる・お下がりなさる・下がってくださる・
お下がりくださる**

- ●その方は向こうから来る人に一歩下がられて道を譲られた。
- ●電車が参りますので黄色い線の内側までお下がりください。

●さげる

NG お下がりになられる

要求・依頼 下がってください・お下がりください・下がってくださいますか・お下がりくださいますか

謙 **下がらせていただく** 相手に **下がっていただく・お下がりいただく**

● 時間が参りましたので私はこれで下がらせていただきます。

● 恐れ入りますが、もう少しお下がりいただけますか。

要求・依頼 下がっていただけますか・お下がりいただけますか

memo ....

● 敬語としての「下がる」は、後退する、退出する意。

下げる 〔さげる〕

尊 **下げられる・お下げになる・お下げなさる**

● 部長は日差しがまぶしいのでブラインドを下げられた。

● 旅行かばんを提げられて［お提げになって］どちらにお出かけですか。

NG お下げになられる

謙 **お下げする・お下げいたす・お下げ申し上げる・下げさせていただく** 相手に **下げていただく・お下げいただく**

● ただ今の時間より総菜を半額にお下げします。

● お皿をお下げしてよろしいでしょうか。

● エアコンの温度を下げていただけますか。

memo ....

● 「下げる」の敬語は、ぶらさげる、位置を低くする、値段・数値などを低くする、食卓に出された物を片付ける、などの意で使われる。ぶらさげる意では「提げる」とも書く。

●ささえる

支える 〔ささえる〕

尊 支えられる・お支えになる・お支えなさる・支えてくださる

- 足をけがした人をお友達と二人で両脇から支えられて病院にお連れになったそうですね。
- 息子さんが病身の親御さんに代わって一家を支えられた［お支えになった］と伺っています。
- コーチには技術ばかりでなく精神面でも支えてくださって感謝しています。

NG お支えになられる

謙 お支えする・お支えいたす・お支え申し上げる **相手に** 支えていただく・お支えいただく

- 若くして二代目を継がれた新社長を全力でお支えいたします。
- 皆様に支えていただいてここまでなんとかやってくることができました。
- しっかりとはしごを支えていただけますか。

誘う 〔さそう〕

尊 誘われる・お誘いになる・お誘いなさる・誘ってくださる・お誘いくださる

- 映画にお友達を誘われる［お誘いになる］。
- 今度の旅行にはどなたかお誘いなさいましたか（✗お誘いされましたか）。
- 今度ハイキングにいらっしゃるときは私も誘ってください。

NG お誘いになられる・お誘いされる・お誘いしてくださる

要求・依頼 誘ってください・お誘いください・誘ってくださいますか・お誘いくださいますか・誘ってくださいませんか

謙 お誘いする・お誘いいたす・お誘い申し上げる **相手に** 誘ってい

●さます

ただく・お誘いいただく

●次回の食事会にはお誘いします［お誘いいたします］のでぜひいらしてください。

●今度釣りに行かれるときは誘っていただけますか。

NG お誘いしていただく

要求・依頼 誘っていただけますか・お誘いいただけますか

察する 〔さっする〕

尊 お察しになる・お察しなさる・察してくださる・お察しくださる

●事業に失敗した人のつらい胸の内をお察しになった（✕お察しになられた）。

●どうか私の立場をお察しください。

NG お察しになられる・お察しされる

要求・依頼 察してください・お察しください・察してくださいますか・お察しくださいますか

謙 お察しする・お察しいたす・お察し申し上げる 相手に 察していただく・お察しいただく

●おつらいお気持ちはお察しいたします。

●心中お察し申し上げます。

●当方の事情をお察しいただけましたら幸いです。

要求・依頼 察していただけますか・お察しいただけますか・察していただけませんか・お察しいただけませんか

覚ます 〔さます〕

尊 覚まされる・お覚ましになる・お覚ましなさる

●夜中に物音で目を覚まされたあとどうなさったのですか。

●部長は外の涼しい風に当たって酔いを醒まされた。

NG お覚ましになられる

87

● さんかする

memo ....
- 酒の酔いを消す意では通常「醒ます」と書く。

参加する 〔さんかする〕

尊 **参加される・（ご）参加なさる・ご参加になる・参加してくださる・ご参加くださる**

- 今度のゴルフコンペには参加されますか［ご参加なさいますか］。
- マラソン大会にはどなたでもご参加になれます（✕ご参加できます）。
- 町内会の夏祭りにこぞってご参加ください。

NG ご参加になられる・ご参加される・ご参加してくださる・ご参加できる

要求・依頼 参加してください・ご参加ください・参加してくださいますか・ご参加くださいますか

可能 ご参加になれます **不可能** ご参加になれません

謙 **参加させていただく** **相手に** **参加していただく・ご参加いただく**

- パーティーには喜んで参加させていただきます。
- 町内会の運動会に参加していただけませんか（✕ご参加していただけませんか）。

NG ご参加していただく

要求・依頼 参加していただけますか・ご参加いただけますか・参加していただけませんか・ご参加いただけませんか

重 **参加いたす**

- 市民マラソン大会では10キロコースに参加いたしました。

賛成する 〔さんせいする〕

尊 **賛成される・（ご）賛成なさる・ご賛成になる**

- 議案に賛成される方は挙手を願います。

●しえんする

●課長は部下の意見に賛成［同意］なさった。

NG ご賛成になられる・ご賛成される

謙 **賛成させていただく**　相手に **賛成していただく・ご賛成いただく**

●そういうことでした私も賛成させていただきます。

●企画の趣旨にご賛成［ご賛同］いただけますでしょうか。

NG ご賛成していただく

重 **賛成いたす**

●その提案に賛成［同意］いたします。

●その件は賛成いたしかねます。

memo
• 「賛成する」の代わりに「賛同する」「同意する」などということもできる。

支援する 〔しえんする〕

尊 **支援される・（ご）支援なさる・ご支援になる**

●山田さんは市民団体の草の根運動を熱心に支援されています。

●貧困に苦しむ人々を財政的に支援なさっているそうですね。

NG ご支援になられる・ご支援される

謙 **ご支援する・ご支援いたす・ご支援申し上げる・支援させていただく**

●我が社はオリンピック選手を栄養面でご支援することができればと考えています。

●皆様の活動をこれからも支援させていただきます。

memo
• 特に、金銭的に助ける意では「援助する」ということが多い。⇨**援助する**

●しかる

叱る 〔しかる〕

尊 お叱りになる・お叱りなさる・叱ってくださる・お叱りくださる・叱責される・(ご)叱責なさる・ご叱責になる

- 電車の中で騒ぐ高校生を乗り合わせた方がお叱りになった。
- うちの子が皆様にご迷惑をかけるようなことがありましたら遠慮なく叱ってください。
- 部長は部下の職務怠慢を厳しく叱責なさった。

NG お叱りになられる・ご叱責になられる・ご叱責される

謙 お諫めする・お諫めいたす・お諫め申し上げる [相手に] 叱っていただく・お叱りいただく

- 社長のワンマンぶりを社内ではお諫めする人が誰もいない。
- うちの子が悪いことをしたら叱っていただけますか。

memo
- 「叱責」は目下の人の過ちや不正などをしかりとがめる意。
- 「諫める」は目下の人が目上の人に対してよくない点を改めるように注意したり、意見したりする意。

辞退する 〔じたいする〕

尊 辞退される・(ご)辞退なさる・ご辞退になる・固辞される・固辞なさる

- その作家は文化勲章をご辞退なさった(✗ご辞退された)。
- 衆院選出馬の要請を固辞されたそうですね。

NG ご辞退になられる・ご辞退される

謙 ご辞退する・ご辞退いたす・ご辞退申し上げる・辞退させていただく

- せっかくのお申し出ですがご辞退いたします[ご辞退申し上げます]。

●したがう

memo
- 「固辞する」はかたく辞退する意。
- 尊敬語・謙譲語ともに、「辞退する」の代わりに「断る」「遠慮する」ということもできる。⇨**断る・遠慮する**

慕う 〔したう〕

尊 慕われる・お慕いになる・お慕いなさる

- 先輩はひそかに彼女を慕われている。
- いとこの方を実の兄のようにお慕いになっている［慕っていらっしゃる］。

NG お慕いになられる

Point
- 「慕われる」は受け身の意で用いることが多いので、紛らわしいときは「お慕いになる」「お慕いなさる」を使うほうがよい。
- 「慕っている」の尊敬表現は「慕っていらっしゃる［おられる］」ということもできる。

謙 お慕いする・お慕いいたす・お慕い申し上げる

- 初めてお会いしたときからずっとお慕いしています。

従う 〔したがう〕

尊 従われる・従ってくださる

- 部長は会社の方針にやむなく従われた。
- 緊急時には係員の指示に従ってください。

謙 従わせていただく　[相手に] 従っていただく

- そちらのご意向に従わせていただきます（✗従わさせていただきます）。
- これは規則ですから従っていただくほかありません。
- リーダーの指示に従っていただけますか。

●したしむ

> **NG** 従わさせていただく
>
> **Point** 「従う」には自分を相手より下に置いた、へりくだった意味が含まれるので、あえて「従わせていただく」といわなくても、「従います」で謙譲の意を表すことはできる。

親しむ 〔したしむ〕

尊 親しまれる

● 部長は日頃から絵画に親しまれている［親しんでいらっしゃる］。

● ご両親の影響で小さいころから音楽に親しまれてきた［親しんでこられた］そうですね。

Point 「親しんでいる」の尊敬表現は「親しんでいらっしゃる［おられる］」のようにいうことができる。また、2例目の「親しまれてきた」は「きた」を尊敬語にして「親しんでこられた」のようにいうこともできる。

memo ⋯⋯⋯⋯⋯⋯⋯⋯⋯⋯⋯⋯⋯⋯⋯⋯⋯⋯⋯⋯⋯⋯⋯⋯⋯⋯⋯⋯⋯⋯⋯⋯

● 「親しむ」は他者に行為が及ぶことではないので、謙譲表現はない。

試着する 〔しちゃくする〕

尊 試着される・（ご）試着なさる・ご試着になる

● お客様、よろしかったらご試着なさいますか。

● こちらの洋服はご試着になれます（**✕**ご試着できます）。

NG ご試着になられる・ご試着される・ご試着できる

謙 試着させていただく

● この服、試着させていただいていいですか。

知っている 〔しっている〕

尊 知っておられる・知っていらっしゃる・ご存じ

● あの方は博識で何でもよく知っていらっしゃる［ご存じでいらっし

●しつれいする

ゃる］。

● 係長が転勤されるのを知っていらっしゃいましたか［ご存じでした
か］。

● ご存じないかもしれませんが、あの方は有名な画家です。

● すでにご存じのことと思いますが、田中さんがけがで入院されてい
ます。

● あの方はご存じの方ですか。

Point 「ご存じ」は知っていることの意の尊敬語。

謙 存じ上げている・存じ上げておる

● その方のことでしたらお名前は存じ上げています。

重 存じている・存じておる

● 社長がクラッシック音楽がお好きなことは存じています［存じてお
ります］。

質問する 〔しつもんする〕

➡尋ねる

失礼する 〔しつれいする〕

謙 失礼申し上げる・失礼させていただく

● お名前を間違えまして大変失礼申し上げました。

● お先に失礼させていただきます。

重 失礼いたす

● お話し中、失礼いたします。

● 席を外しておりまして失礼いたしました。

● 前を失礼いたします。

● 私はこれで失礼いたします。

●しどうする

丁 失礼します

- お話し中、失礼します。
- お先に失礼します。

Point 「失礼ですが」は非礼な言動の許しを得るときの丁寧表現で、「失礼ですが、お名前を伺ってもよろしいですか」のようにいう。

memo

- 「失礼する」は礼を欠く振る舞いをする意のほかに、別れる、帰る、辞去する意で使われる。
- 「失礼いたします」「失礼します」は出入りなどの際の挨拶の言葉としても使われる。

指導する 〔しどうする〕

尊 指導される・(ご)指導なさる・ご指導になる・指導してくださる・ご指導くださる

- 休日には少年野球チームを指導されている（×ご指導されている）そうですね。
- 教授はゼミの学生を熱心に指導なさいます。
- 今後ともよろしくご指導ください。

NG ご指導になられる・ご指導される・ご指導してくださる

Point 相手に厳しい指導を乞うときは「ご指導ご鞭撻のほどよろしくお願い申し上げます」のようにいう。「鞭撻」はむちで打つ意から転じて、努力するよう強くいましめ励ます意。

謙 ご指導する・ご指導いたす・ご指導申し上げる・指導させていただく　[相手に] 指導していただく・ご指導いただく

- 初心者の方には丁寧にご指導いたします。
- 先生にご指導いただいた（×ご指導していただいた）お陰でコンクールに入賞できました。

NG ご指導していただく

●しはらう

死ぬ 〔しぬ〕

尊 亡くなられる・お亡くなりになる・逝去される・（ご）逝去なさる・他界される・（ご）他界なさる・永眠される・（ご）永眠なさる

- 災害で亡くなられた方々を追悼する。
- 自治会長さんが昨夜お亡くなりになったそうです。
- 先生は心不全のために今朝ほどご逝去なさいました。

NG お亡くなりになられる・ご逝去される・ご他界される・ご永眠される

重 死去いたす・他界いたす・永眠いたす

- 3月に父が他界［永眠］いたしました。

Point 手紙などで身内の者の死去を外部に知らせるときは丁重表現を使う。

丁 亡くなる

- 老衰のため祖母が亡くなりました。
- 災害で亡くなった方々を供養する。
- 兄は今年初めに他界しました。

Point 「亡くなる」は死者に対して敬意を持った丁寧な言い方。身内の場合は通常自分より年長の者に使われる。ほかに「他界しました」「永眠しました」のようにもいう。

memo

- 「亡くなる」「逝去する」「他界する」「永眠する」は直接「死ぬ」ということを避けていう婉曲表現。ほかに、「息を引き取る」「世を去る」「お迎えが来る」「鬼籍に入る」「天に召される」などがある。
- 高貴な人の死に対する尊敬語は「崩御」「薨去」など。婉曲表現で「お隠れになる」ともいう。
- 「逝去」は悔やみの挨拶や追悼の文章で、「お父様のご逝去を謹んでお悔やみ申し上げます」のように使われる。

支払う 〔しはらう〕

尊 支払われる・お支払いになる・お支払いなさる・支払ってくださる・

●しめす

お支払いくださる

- ●忘年会の二次会の費用は部長が支払われたそうです。
- ●お買い物はカードでお支払いになりますか。
- ●参加費はこちらでお支払いください。

NG お支払いになられる・お支払いされる・お支払いしてくださる

謙 お支払いする・お支払いいたす・お支払い申し上げる・支払わせていただく 　**相手に** 支払っていただく・お支払いいただく

- ●現金でお支払いします。
- ●お客様には保険金の満額をお支払いいたします。
- ●会費をお支払いいただけますか（✕お支払いしていただけますか）。

NG お支払いしていただく・支払わせていただく

memo
- 「支払う」の代わりに「払う」ともいう。⇨払う

示す　〔しめす〕

尊 示される・お示しになる・お示しなさる・示してくださる・お示しくださる

- ●子どもたちには先生自らお手本を示された。
- ●決意のほどをお示しになる。
- ●そうおっしゃる根拠をお示しください［お示しくださいますか］。

NG お示しになられる・お示ししてくださる

要求・依頼 示してください・お示しください・示してくださいますか・お示しくださいますか

謙 お示しする・お示しいたす・お示し申し上げる　**相手に** 示していただく・お示しいただく

- ●研究成果をデータをもとにお示ししたいと思います。
- ●その件に関しての見解をお示しいただけますか。

●しゅうりょうする

NG お示ししていただく

要求・依頼 示していただけますか・お示しいただけますか

閉める 〔しめる〕

尊 **閉められる・お閉めになる・お閉めなさる・閉めてくださる・お閉めくださる**

● 日差しがまぶしくてカーテンをお閉めになった。

● ご主人はやむなく三代続いた店を閉められた。

NG お閉めになられる

謙 **お閉めする・お閉めいたす・お閉め申し上げる・閉めさせていただく** 相手に 閉めていただく・お閉めいただく

● 窓をお閉めしましょうか。

● カーテンを閉めていただけますか。

喋る 〔しゃべる〕

➡話す

住所 〔じゅうしょ〕

尊 **ご住所・お住まい・お所**

● ご住所［お住まい］はどちらですか。

● こちらにご住所［お所］とお名前をお書きください。

終了する 〔しゅうりょうする〕

尊 **終了される・終了なさる・終えられる**

● 3年かかって仏像の修復作業を終了された［終えられた］。

● 海外での3年の任期を終えられて帰国の途に着かれた。

●しゅくはくする

謙 終了させていただく・終わらせていただく

● このサービスは来月をもって終了させていただきます。

重 終了いたす

●本日の営業は終了いたしました。

宿泊する 〔しゅくはくする〕

➡泊まる

受賞する 〔じゅしょうする〕

尊 受賞される・受賞なさる

●国民栄誉賞はさまざまな分野の方が受賞されている。

●湯川秀樹博士は日本で初めてノーベル賞を受賞なさった。

memo

● 「受賞」は一方的に受けるものなので、「受賞」を用いた謙譲表現はない。「賞をいただく」の形で、「このような栄えある賞をいただきまして身が引き締まる思いがいたします」のようにいうことはできる。

出演する 〔しゅつえんする〕

尊 出演される・(ご)出演なさる・ご出演になる・出演してくださる・ご出演くださる

●先生は歴史番組にゲストとして出演なさった。

●明日のこの番組では金メダリストの皆さんがご出演くださいます(✗ ご出演してくださいます)。

NG ご出演になられる・ご出演される・ご出演してくださる

謙 出演させていただく 相手に **出演していただく・ご出演いただく**

●しゅっさんする

● 今回ゲストとして刑事役で出演させていただくことになりました。
● トーク番組にご出演いただけますか（✕ご出演していただけますか）。

NG ご出演していただく

Point 「～させていただく」は相手の許可や承認のもとにそれをさせてもらう意の謙譲表現。そうした状況ではない場合は「刑事役で出演いたします」と丁重語を用いるほうが適切。

重 出演いたす

● 秋の舞台では主人公の母親役で出演いたします。

memo ⋯⋯⋯⋯⋯⋯⋯⋯⋯⋯⋯⋯⋯⋯⋯⋯⋯⋯⋯⋯⋯⋯⋯⋯⋯⋯⋯⋯⋯⋯⋯⋯⋯

● 「出演する」の代わりに「出る」ということもできる。⇨**出る**

出勤する 〔しゅっきんする〕

尊 出勤される・（ご）出勤なさる・ご出勤になる

● 明日は何時に出勤されますか［ご出勤なさいますか］。

NG ご出勤になられる・ご出勤される

重 出勤いたす

● 毎朝9時に出勤いたします。

出産する 〔しゅっさんする〕

尊 出産される・（ご）出産なさる・お産みになる

● 奥様が無事女の子をご出産なさったそうで、おめでとうございます。

NG お産みになられる・ご出産される

重 出産いたす

● 実家の近くの病院で長女を出産いたしました。

99

●しゅっしゃする

出社する　〔しゅっしゃする〕

尊 出社される・(ご)出社なさる・ご出社になる

● 課長は午後から出社されるそうです。

● 明日は何時に出社なさいますか。

NG ご出社になられる・ご出社される

謙 出社させていただく

● 明日は午前中半休をいただき、午後から出社させていただきます。

Point 上司の許可などに関係なく、単に自分の都合でいう場合は「出社させていただく」より丁重語で「出社いたします」というほうが適切。

重 出社いたす

● 明日は早めに出社いたします。

Point それほど丁重にいう必要がなければ、「明日は早めに出社します」と丁寧語でもよい。

出場する　〔しゅつじょうする〕

尊 出場される・(ご)出場なさる・ご出場になる

● 英語のスピーチコンテストに出場される（✗ご出場される）そうですね。

NG ご出場になられる・ご出場される

謙 出場させていただく　相手に 出場していただく・ご出場いただく

● コーラスのコンクールに特別に出場させていただけることになりました。

● 町内ののど自慢大会にご出場いただけませんか。

重 出場いたす

● 今度の市民マラソン大会に出場いたします。

●しゅっぱつする

memo ......

• 「出場する」の代わりに「出る」ということもできる。⇨**出る**

出席する 〔しゅっせきする〕

尊 **出席される・（ご）出席なさる・ご出席になる・臨席される・（ご）臨席なさる・ご臨席になる**

●午後の会議に出席されますか。

●ノーベル賞授賞式に国王が臨席された。

NG ご出席になられる・ご臨席になられる・ご出席される・ご臨席される

謙 **出席させていただく** **相手に** **出席していただく・ご出席いただく・ご出席願う・ご臨席いただく・ご臨席を賜る**

●結婚式には喜んで出席させていただきます。

●懇親会にご出席いただけないでしょうか。

●本日はご臨席を賜りましてありがとうございました。

Point 会合などに出席することをへりくだって「末席を汚す」という言い方もする。

重 **出席いたす**

●式典には父の代理で出席いたします。

memo ......

• 「臨席」は会合や式典に出席することで、特に、身分の高い人に対して使われる。

• 「出席する」の代わりに「出る」ということもできる。⇨**出る**

出発する 〔しゅっぱつする〕

尊 **出発される・（ご）出発なさる・ご出発になる・発たれる・お発ちになる**

●部長はアメリカに出張のため早朝の便で出発されました［お発ちに

101

●じゅんびする

　　　　なりました]。

●お客様、明日は何時にここをお発ちになりますか（✖お発ちになら
れますか）。

NG　ご出発になられる・ご出発される・お発ちになられる

Point　名詞の「ご出発」を使い、「ご出発は何時でしょうか」のようにいう
こともできる。

謙 出発させていただく

●（バスツアーで）それでは皆様がお揃いになりましたので出発させ
ていただきます。

重 出発いたす

●明朝早く出発いたします。

memo

● 「出発する」の代わりに「発つ」ということもできる。

準備する　〔じゅんびする〕

尊 準備される・（ご）準備なさる・準備してくださる・ご準備くださる

●旅行に持って行く物はもう準備されましたか。

●部長は披露宴のスピーチをひと晩かけてご準備なさったそうです。

●ハイキングにご参加の際は必ず飲み物をご準備ください（✖ご準備
してください）。

NG　ご準備される・ご準備してくださる

謙 ご準備する・ご準備いたす・準備させていただく　相手に 準備し
ていただく・ご準備いただく・ご準備願う

●必要な物はこちらでご準備いたします。

●会議用の資料を準備していただけますか（✖ご準備していただけま
すか）。

NG　ご準備していただく

●じょうしゃする

memo ....

● 「準備する」の代わりに「用意する」ということもできる。⇨**用意する**

紹介する 〔しょうかいする〕

（尊）**紹介される・（ご）紹介なさる・ご紹介になる・紹介してくださる・ご紹介くださる**

● 校長先生は始業式で新任の先生を一人ひとり紹介された。

● どなたか適任の方をご存じでしたらご紹介くださいませんか（✕ご紹介してくださいませんか）。

（NG）ご紹介になられる・ご紹介される・ご紹介してくださる

（謙）**ご紹介する・ご紹介いたす・ご紹介申し上げる・紹介させていただく** 相手に **紹介していただく・ご紹介いただく・ご紹介願う**

● 新しく会員になられた方々をご紹介します。

● 私の家族を紹介させていただきます。

● お知り合いに弁護士がいらっしゃったら紹介していただけませんか（✕ご紹介していただけませんか）。

● 田中様よりご紹介いただきました［ご紹介にあずかりました］清水でございます。

（NG）ご紹介していただく

（Point）「ご紹介いただく」は「ご紹介にあずかる」という言い方もできる。

乗車する 〔じょうしゃする〕

（尊）**乗車される・（ご）乗車なさる・ご乗車になる・乗車してくださる・ご乗車くださる**

● 発車までご乗車になって（✕ご乗車して）お待ちください。

● ただ今車内を清掃中ですのでご乗車になれません（✕ご乗車できません）。

● お客様は3号車のバスにご乗車ください（✕ご乗車してください）。

●じょうず

> **NG** ご乗車になられる・ご乗車される・ご乗車してくださる・ご乗車できる

> 要求・依頼 乗車してください・ご乗車ください・乗車してくださいますか・ご乗車くださいますか

> 可能 ご乗車になれます　不可能 ご乗車になれません

> **Point** 「お［ご］～できる」は自分から相手に対して…することができるという意味の謙譲表現なので、相手の行為に対して「ご乗車できます」「ご乗車できません」のようにいうのは間違い。尊敬語で「ご乗車になれます」「ご乗車になれません」という。

謙 ご乗車する・ご乗車いたす・乗車させていただく　相手に 乗車していただく・ご乗車いただく・ご乗車願う

- ●明日の出張ですが部長と同じ列車に乗車させていただきます。
- ●まもなく出発しますのでバスにご乗車いただけますか（**✕**ご乗車していただけますか）。

> **NG** ご乗車していただく

> 要求・依頼 乗車していただけますか・ご乗車いただけますか・ご乗車願います

重 乗車いたす

- ●部長が東京駅でご乗車になるのぞみに私は品川から乗車いたします。

上手　〔じょうず〕

尊 お上手・お見事

- ●部長はゴルフがお上手なのでびっくりしました。
- ●お見事な包丁さばきですね。

memo

- ● 巧みな、の意で「お上手」を目上の人に使うのは失礼になることがあり、「お見事」あるいは「すばらしい」といった表現のほうが適切なことがある。また、「お上手」は「お世辞」の意味もある。

●しょくじ

使用する 〔しようする〕

➡使う

招待する 〔しょうたいする〕

➡招く

承諾する 〔しょうだくする〕

(尊) **承諾される・(ご)承諾なさる・ご承諾になる・承諾してくださる・ご承諾くださる**

● 田中さんは後輩の資金援助の申し出を快く承諾なさった。

● ご著書の電子書籍化をご承諾くださいましてありがとうございました。

NG ご承諾になられる・ご承諾される・ご承諾してくださる

(謙) **ご承諾する・ご承諾いたす・ご承諾申し上げる** 相手に **承諾していただく・ご承諾いただく**

● この件につきまして私どもはご承諾いたしかねます。

● 次期会長就任をご承諾いただけないでしょうか。

NG ご承諾していただく

食事 〔しょくじ〕

(尊) **お食事**

● お食事の用意ができました。

● お食事はおすみですか。

● お仕事に区切りがついたところでお食事になさいませんか。

(謙) **粗餐・お口汚し・お口ふさぎ**

●しらせる

● 粗餐を差し上げたく存じます。
● ほんのお口汚しですが、どうぞ召し上がってください。

Point 「粗餐」は粗末な食事の意。「お口汚し」は口を汚すだけの物、「お口ふさぎ」は口をふさぐだけの物、の意で、食べ物を勧めるときにへりくだっていう語。

美 お食事・ご飯

● みんなで食べるお食事［ご飯］はおいしい。
● お食事のときはテレビを消しますよ。
● みんな、ご飯ですよ。

memo
● 「お食事」は尊敬語、また美化語として使う。

知らせる 〔しらせる〕

尊 お知らせになる・お知らせなさる・知らせてくださる・お知らせくださる

● 就職先が決まったことをご両親にはもうお知らせになりましたか。
● ご都合のよい日をお知らせください。

NG お知らせになられる・お知らせしてくださる

要求・依頼 知らせてください・お知らせください・知らせてくださいますか・お知らせくださいますか

謙 お知らせする・お知らせいたす・お知らせ申し上げる 相手に 知らせていただく・お知らせいただく・お知らせ願う

● 雨天中止の場合はメールでお知らせします。
● ご注文の品が入りましたらお電話でお知らせいたします。
● 今後の予定がわかり次第お知らせいただけますか。

NG お知らせしていただく

要求・依頼 知らせていただけますか・お知らせいただけますか・お知らせ願えますか

●しりあう

memo
- 「知らせる」の代わりに「通知する」ということもできる。
- 簡単に知らせる意では「ご一報」を使い、「上京の折はご一報ください［ご一報いただけますか］」のようにいう。
- 情報などを人に知らせる意では、「お耳に入れる」を使い、「お耳に入れたいことがあります」のようにいうこともできる。

調べる 〔しらべる〕

尊 **調べられる・お調べになる・お調べなさる・調べてくださる・お調べくださる**

- 先生はわからないことがあるとすぐに辞典や図鑑でお調べになる。
- 事故の原因を徹底的に調べてください［調査してください］。
- 詳しいことは専門書でお調べください。

NG お調べになられる・お調べされる

要求・依頼 調べてください・お調べください・調べてくださいますか・お調べくださいますか

謙 **お調べする・お調べいたす・お調べ申し上げる・調べさせていただく** 相手に **調べていただく・お調べいただく**

- 商品の在庫をお調べしますので少々お待ちください。
- 手荷物を調べさせていただいてよろしいですか。
- ニューヨークに一番早く行ける便を調べていただけますか。

NG お調べしていただけますか

要求・依頼 調べていただけますか・お調べいただけますか

memo
- 「調べる」の代わりに「調査する」ということもできる。

知り合う 〔しりあう〕

尊 **知り合われる・お知り合いになる・お近づきになる**

●しる

- ●お二人はどちらで知り合われた［お知り合いになった］のですか。
- ●あなたとお近づきになれてうれしいです。

  NG お知り合いになられる・お近づきになられる

memo
- ●「お近づきになる」は親しく付き合うようになる、知り合いになる、意の尊敬表現。「お近づき」は名詞として「お近づきのしるしに一杯どうですか」などという。
- ●知っている人、知人の意の尊敬語は「お知り合い」で、「あの方はお知り合いですか」のようにいう。

知る 〔しる〕

尊 お知りになる

- ●そのことはいつお知りになりましたか。
- ●飛行機の発着状況をお知りになりたいのでしたらネットで調べられますよ。

  NG お知りになられる

謙 存じ上げる

- ●あの方のことはよく存じ上げております。

重 存じる

- ●そうとは存じませんで失礼いたしました。

memo
- ●「知る」の敬語は状態を表す「知っている」の形で使うことが多い。⇨**知っている**

信じる 〔しんじる〕

尊 信じられる・お信じになる・お信じなさる・信じていらっしゃる[おられる]・信じてくださる

108

●しんぱいする

- ●先方の言うことをそのままお信じになったのですか。
- ●神の存在をお信じになりますか。
- ●あなたのことは誰よりもご両親が信じていらっしゃいます。
- ●うそは言っていません。どうか信じてください。

　NG　お信じになられる

謙　[相手に]　**信じていただく**

- ●私のことを信じていただけますか。

重　**信じておる**

- ●実験の成功を信じております。

丁　**信じます・信じています**

- ●私はあなたの言うことを信じます。
- ●チームは絶対優勝すると信じています。

memo ……………………………………………………………………………………

- ●「信じている」の尊敬表現は「信じていらっしゃる［おられる］」、丁重表現は「信じております」、丁寧表現は「信じています」となる。

心配する　〔しんぱいする〕

尊　**心配される・（ご）心配なさる・ご心配になる・心配してくださる・ご心配くださる・案じられる・ご案じになる・ご案じなさる**

- ●高齢のご両親のことを心配なさって同居を決められたそうですね。
- ●娘さんの帰りが遅いのでご心配になって駅までお迎えに行かれた。
- ●息子の将来をご心配くださって（✕ご心配してくださって）ありがとうございます。
- ●お子さんのことはそんなにご案じになることはありませんよ。

　NG　ご心配になられる・ご案じになられる・ご心配される・ご心配してくださる

●すう

[謙] ご心配する・ご心配いたす・ご心配申し上げる・ご案じする・ご案じいたす・ご案じ申し上げる **[相手に]** 心配していただく・ご心配いただく

● お加減が悪いとお聞きしていましたのでご心配申し上げていました［ご案じ申し上げていました］。

● 何かとご心配いただいて（✗ご心配していただいて）申し訳ありません。

[NG] ご心配していただく

[重] 心配いたす・案じておる

● お帰りが遅いので心配いたしておりました［案じておりました］。

memo

● 「心配する」の代わりに「案じる」のほか「気遣う」なども用いられる。「案じる」はやや古風な言い方。

吸う 〔すう〕

[尊] 吸われる・お吸いになる・お吸いなさる

● 娘さんは山の新鮮な空気を吸われて元気を取り戻されたようですね。

● タバコはお吸いになりますか。

[NG] お吸いになられる

[謙] 吸わせていただく

● タバコを吸わせていただいてよろしいですか。

救う 〔すくう〕

[尊] 救われる・お救いになる・お救いなさる・救ってくださる・お救いくださる

● 医師としてアフリカに赴き、多くの人の命をお救いになった。

110

●すごす

●あの方は窮地を救ってくださった恩人です。

NG お救いになられる・お救いされる

謙 お救いする・お救いいたす・お救い申し上げる 　**相手に** 救っていただく・お救いいただく

●災害で犠牲になった方々をお救いすることができなかったことが悔やまれてなりません。
●窮地を救っていただいたご恩は忘れません。

Point 「救う」は相手に救いをほどこす意味合いがあるので、謙譲表現で自分の行為をいう場合は直接目上の人に対しては使われない。

すごく

改 とても・大変・すばらしく

●今日はとても暑いですね。
●パーティーに出られなくて大変残念です。
●この絵はすばらしく［大変］上手に描けています。

過ごす 〔すごす〕

尊 過ごされる・お過ごしになる・お過ごしなさる・過ごしてくださる・お過ごしくださる

●課長は休日は好きな音楽を聴いて過ごされるそうですね。
●夏休みはどちらでお過ごしになりますか。
●どうぞごゆっくりお過ごしください。

NG お過ごしになられる・お過ごしされる

謙 過ごさせていただく

●お陰様で楽しい時間を過ごさせていただきました。

●すすむ

進む 〔すすむ〕

尊 進まれる・お進みになる・お進みなさる・進んでくださる・お進みくださる

- ●息子さんは大学院に進まれる［お進みになる］そうですね。
- ●どの道を進まれても［お進みになっても］きっと成功されますよ。
- ●立ち止まらずにお進みください。

NG お進みになられる

謙 進ませていただく

- ●部長にご了解をいただき、早期退職して好きな道に進ませていただくことにしました。

勧める 〔すすめる〕

尊 勧められる・お勧めになる・お勧めなさる・勧めてくださる・お勧めくださる

- ●課長は新入社員に将棋同好会に入ることをお勧めになった。
- ●田中さんが早く病院に行くように勧めてくださったお陰で病気を早期発見できました。

NG お勧めになられる・お勧めされる

謙 お勧めする・お勧めいたす・お勧め申し上げる

- ●先輩にはぜひとも禁煙されることをお勧めいたします。

薦める 〔すすめる〕

尊 薦められる・お薦めになる・お薦めなさる・薦めてくださる・お薦めくださる

- ●先生は子どもたちに世界の偉人が書かれた本をお薦めになった。
- ●先輩が薦めてくださった学校に娘と見学に行ってきました。

●すむ

NG お薦めになられる・お薦めしてくださる

謙 お薦めする・お薦めいたす・お薦め申し上げる・薦めさせていただく　相手に 薦めていただく・お薦めいただく

●小学生のお子さんにはぜひこの本をお薦めいたします。

●先日薦めていただいた本はとても参考になりました。

NG お薦めしていただく

memo
• 「薦める」の代わりに「推薦する」ということもできる。

捨てる　〔すてる〕

尊 捨てられる・お捨てになる・お捨てなさる・捨ててくださる・お捨てくださる・処分される・（ご）処分なさる・ご処分になる

●着られなくなった服をお捨てになる［処分される］。

●地位も名誉もお捨てになって、自由の身を楽しんでおられる。

●先入観をお捨てになってはいかがですか。

NG お捨てになられる・ご処分になられる・ご処分される

謙 捨てさせていただく・処分させていただく

●お忘れ物は保管期間が過ぎましたら処分させていただきます。

memo
• 物については、「捨てる」の代わりに「処分する」ということもできる。

住む　〔すむ〕

尊 住まれる・お住みになる・お住みなさる・住まわれる・お住まいになる

●こちらに住まれて［お住みになって］何年ですか。

●新しい家は二世帯でお住まいになるそうですね。

113

●する

> **NG** お住みになられる・お住まいになられる
>
> **Point** 「住む」の尊敬語は「住まう」を使って「住まわれる」「お住まいになる」ということもできる。

謙 住まわせていただく

● 海外に転勤された方のお宅に留守番を兼ねて住まわせていただいています。

> **Point** 「住む」の謙譲表現はなく、「住まう」の謙譲表現「住まわせていただく」を使う。

する

尊 される・なさる

● 今どんなお仕事をされて［なさって］いるのですか。

● ご注文は何になさいますか。

● 部長は休日にはお料理をされるそうですね［なさるそうですね］。

● 健康のために運動をされた［なさった］ほうがよろしいですよ。

● あの方は決してご自分の意志に反したことはなさらない。

> **Point** 「される」は「する」の未然形に尊敬を表す助動詞「れる」が付いた語。「される」より「なさる」のほうが敬意が高い。

謙 させていただく

● 本日司会をさせていただきます山田と申します。

● 今日は私が部長のお供をさせていただきます。

> **Point** 「させていただく」は相手の許可や承認のもとにやらせてもらう意で用いる謙譲表現。また、相手に配慮しながら自分側の都合による行為や意向を伝える場合にも用いられることがあるが、そうした状況ではない場合に使うとへりくだりすぎて、かえって相手に不快感を与えることになるので注意が必要。（巻末の「パターンで覚えるNG敬語」⑥を参照）

重 いたす

● 後片付けは私がいたします。

●～する

●（美容室で）髪型はいかがいたしましょうか。

●梅の花のよい香りがいたします。

NG 相手の行為に「いたす」を使うのは間違い。 例 ✘何にいたしますか（〇何になさいますか）　✘どういたしましたか（〇どうされましたか）　✘そういたしてください（〇そうなさってください）

Point 「いたす」は通常丁寧語の「ます」を付けて、「いたします」の形で使う。

～する

尊 ～される・～なさる・お[ご]～になる・お[ご]～なさる

●一休みされては［一休みなさっては］いかがですか。

●バスはよく利用されますか［ご利用になりますか・ご利用なさいますか］。

●通りがかりの人に道をお尋ねになった（✘お尋ねになられた）。

●お子さんたちはよくお手伝いなさいますね（✘お手伝いされますね）。

●ご自分でご判断なさってください。

NG お［ご］～になられる・お［ご］～される

謙 お[ご]～する・お[ご]～いたす・お[ご]～申し上げる・～させていただく

●お客様をお連れしました。

●ご質問にお答えいたします。

●できる限りご協力いたします。

●こちらからご連絡申し上げます。

●私にお手伝いさせていただけますか。

●それでは業務内容について説明させていただきます。

Point 「～させていただく」については巻末の「パターンで覚えるNG敬語」⑥を参照。

重 ～いたす

●すわる

●折り返しこちらから連絡いたします。

●お褒めいただいて恐縮いたしております。

座る 〔すわる〕

尊 座られる・お座りになる・お座りなさる・座ってくださる・お座り
くださる・おかけになる・おかけなさる・かけてくださる・おかけ
くださる

●あちらにお座りになっている［座っていらっしゃる］方は大学の先
生です。

●こちらの椅子におかけになってお待ちください。

●どうぞこちらにお座りください［おかけください］。

NG お座りになられる・おかけになられる

要求・依頼 お座りください・おかけください

Point 「座っている」の尊敬表現は「座っていらっしゃる［おられる］」とい
うこともできる。

謙 座らせていただく・かけさせていただく **相手に** 座っていただく・
お座りいただく・かけていただく・おかけいただく

●それではお言葉に甘えて座らせていただきます。

●こちらの席にお座りいただけますか［おかけいただけますか］。

要求・依頼 座っていただけますか・お座りいただけますか・おかけいただ
けますか

memo
• 「座る」より「かける」のほうが柔らかい表現になる。
• 席に着く意では「着席する」と言い換えることもできる。⇨**着席する**

説明する 〔せつめいする〕

尊 説明される・（ご）説明なさる・ご説明になる・説明してくださる・
ご説明くださる

●せめる

- ●市長は今年度の新しい取り組みについてご説明なさった。
- ●工場見学では担当者の方が詳しく説明してくださった。
- ●事の経緯をもう少し詳しく説明してくださいますか（✘ご説明して
  くださいますか）。

　NG　ご説明になられる・ご説明される・ご説明してくださる

　要求・依頼　説明してください・ご説明ください・説明してくださいますか
・ご説明くださいますか

謙 ご説明する・ご説明いたす・ご説明申し上げる・説明させてい
ただく　**相手に** 説明していただく・ご説明いただく・ご説明願う

- ●ツアー参加ご希望の皆様に日程を詳しくご説明いたします。
- ●お手元にお配りしました資料につきましてご説明申し上げます。
- ●どうしてこのようなことになったのか説明していただけますか（✘
  ご説明していただけますか）。

　NG　ご説明していただく

　要求・依頼　説明していただけますか・ご説明いただけますか・ご説明願え
ますか

重 説明いたす

- ●書類の書き方を説明いたします。

責める　〔せめる〕

尊 責められる・お責めになる・咎められる・お咎めになる

- ●そんなにご自分をお責めになることはありません。
- ●部下の落ち度をお責めになった［とがめられた］。

　NG　お責めになられる・お咎めになられる

　Point　「責める」の代わりに「咎める」ということもできる。

memo
- 謙譲表現は通常使われない。

117

●せわする

世話する 〔せわする〕

尊 世話される・（お）世話なさる

● 田中さんはペットの亀は人任せにせずご自分で世話されるそうですね。

● お留守の間、どなたがお子さんをお世話なさるのですか。

NG お世話される

謙 お世話する・お世話いたす・お世話申し上げる ［相手に］世話していただく・お世話いただく

● お留守中は私がお子さんをお世話しますから安心してお出かけください。

● 息子の就職先をお世話いただけないでしょうか。

NG お世話していただく

memo
● 名詞の「お世話」は、面倒、厄介、手数などの意で、「お世話をおかけします」「いつもお世話になっております」「昨日はお世話様でした」のようにいう。

先方 〔せんぽう〕

尊 あちら様・向こう様・先様

● あちら様［向こう様］はこの件で何とおっしゃっているのですか。

● 先様のご都合を伺ってみてください。

● 先様のことはよく存じ上げています。

memo
● 「あちら様」「向こう様」より「先様」のほうがかしこまった表現。
● 「あちら様」は、あちらにいる人、あの方の意もあり、「あちら様はお知り合いですか」のように使われる。

118

●そうだんする

早退する　〔そうたいする〕

尊 早退される・早退なさる

● 課長は急用がおできになったようで早退されました。

謙 早退させていただく

● 風邪気味なので今日は早退させていただきたいのですが。

Point 上司に早退の許可を得るときに使う表現。電話などで、許可を得る
必要のない取引先の相手から在席を問われて「田中は早退させていただきま
した」と答えるのは間違い。その際は「早退いたしました」と丁重語を使う。

重 早退いたす

● 山田は今日は早退いたしました。

相談する　〔そうだんする〕

尊 相談される・ご相談になる・（ご）相談なさる・相談してくださる・
ご相談くださる

● 職場の悩みを学校の先輩に相談された。

● それは専門家にご相談なさっては（✕ご相談されては）いかがですか。

● どんなことでもご相談ください。

NG ご相談になられる・ご相談される・ご相談してくださる

要求・依頼 相談してください・ご相談ください・相談してくださいますか・
ご相談くださいますか

謙 ご相談する・ご相談いたす・ご相談申し上げる・相談させてい
ただく　**相手に** 相談していただく・ご相談いただく

● ちょっとご相談したいことがあります。

● その件につきましては後日改めてご相談申し上げます。

● 法律関係のことは弁護士に相談していただけますか（✕ご相談して
いただけますか）。

●そうふする

> NG ご相談していただく
>
> 要求・依頼 相談していただけますか・ご相談いただけますか

重 相談いたす

- その件は社内で相談いたしまして後日ご返事申し上げます。

送付する 〔そうふする〕

尊 送付される・ご送付になる・(ご)送付なさる・送付してくださる・ご送付くださる

- 先方に請求書を送付なさいましたか。
- 書類は営業部の私あてで送付してくださいますか。

> NG ご送付になられる・ご送付される・ご送付してくださる

謙 ご送付する・ご送付いたす・ご送付申し上げる・送付させていただく 相手に 送付していただく・ご送付いただく

- 本日契約書をご送付いたしました。
- ご注文の品は入荷次第宅配便にてご送付申し上げます。
- 見積書を早急にご送付いただけますか（✕ご送付していただけますか）。

> NG ご送付していただく

重 送付いたす

- 先ほどメールで資料を送付いたしました。

memo
- 「送付する」は事務的で改まった言い方。日常的には「送る」を用いることが多い。⇨送る

育てる 〔そだてる〕

尊 育てられる・お育てになる・お育てなさる・育ててくださる・お育

●そなえる

てくださる

● 3人のお子さんをお育てになったのですね。

● 中学の恩師が今の私を育ててくださったと思っています。

NG お育てになられる・お育てしてくださる

謙 **お育てする・お育ていたす・お育て申し上げる・育てさせていただく** [相手に] **育てていただく・お育ていただく**

● 当テニススクールではお預かりしたお子さんを一流の選手にお育てすることを目標にしています。

● 諸先輩に一人前の社会人に育てていただきました。

そっち・それ・そこ

改 **そちら**

● 今からそちらに参ります。

● そちらはもう春ですか。

● そちらの品を見せていただけますか。

● この問題はそちらで処理してください。

● そちら［そちらの方］はお連れですか。

● そちらにお座りください。

供える 〔そなえる〕

尊 **供えられる・お供えになる・お供えなさる**

● ご遺族はお墓に花をお供えになり、静かに手を合わされた。

NG お供えになられる・お供えされる

謙 **お供えする・お供えいたす・お供え申し上げる・供えさせていただく**

● 仏前に花をお供えして故人のご冥福を祈った。

●そなえる

備える 〔そなえる〕

尊 備えられる・お備えになる・お備えなさる

- ●体調を万全にして試験に備えられる。
- ●あの方は風格をお備えになっている［備えていらっしゃる］。

  NG お備えになられる・お備えされる

  Point 「備えている」の尊敬表現は「備えていらっしゃる［おられる］」ということもできる。

謙 お備えする・お備えいたす・お備え申し上げる・備えさせていただく

- ●当ホテルでは各部屋に無線LANルーターをお備えしておりますのでご利用ください。

memo
- ●「備える」の敬語は、準備する、備え付ける、能力などを持っている、などの意で使われる。⇨**準備する**

揃う 〔そろう〕

尊 揃われる・お揃いになる・お揃いなさる

- ●全員が揃われたようですので会議を始めます。
- ●同窓会には懐かしい方々がお揃いになったことでしょう。
- ●お客様がお揃いになりました。

  NG お揃いになられる・お揃いされる

memo
- ●「揃う」の代わりに「集まる」ということもできる。⇨**集まる**
- ●謙譲表現はない。

揃える 〔そろえる〕

尊 揃えられる・お揃えになる・お揃えなさる

122

●だいじにする

- お客様は玄関で脱いだ靴を揃えられてから部屋に上がられた。
- 優秀なスタッフをお揃えになっていますね。
- これだけの銘酒をお揃えになる［お揃えなさる］のは大変だったでしょう。

NG お揃えになられる・お揃えされる

謙 **お揃えする・お揃えいたす・お揃え申し上げる・揃えさせていただく** [相手に] **揃えていただく・お揃えいただく**

- 会議に必要な資料は私のほうでお揃えします。
- 髪の長さは肩のところで揃えていただけますか。

【た】

対応する 〔たいおうする〕

尊 対応される・対応なさる

- 顧客からのクレームに部長自ら対応された。
- 社長は国際化時代到来を見越して早くから対応なさってこられた。

謙 対応させていただく

- お客様のクレームは担当部署の者が対応させていただきます。

重 対応いたす

- その件はこちらで対応いたします。

大事にする 〔だいじにする〕

尊 大事にされる・（お）大事になさる

- 課長は部下とのコミュニケーションを大事にされている。
- くれぐれもお体をお大事になさってください。
- 猛暑の折、どうぞご自愛ください［お体をおいといください］。

●たいせきする

重 大事にいたす

● いただいた時計は一生大事にいたします。

memo

- 体を大事にする意では、「自愛」「いとう」を用いて、「ご自愛ください」「おいといください」のようにもいう。どちらも、手紙文で用いることが多い。なお、「自愛」は自分の体を大切にする意なので、「お体ご自愛ください」と「お体」を付けていうのは間違い。
- 「大事」の代わりに「大切」ということもできる。

退席する 〔たいせきする〕

尊 退席される・(ご)退席なさる・ご退席になる

● 部長は会議の途中で退席された［退席なさった］。

NG ご退席になられる・ご退席される

謙 退席させていただく

● 申し訳ございませんがお先に退席させていただきます。

memo

- 「退席する」の代わりに「退座する」、また、途中で席を外す意では「中座する」ということもできる。

体調 〔たいちょう〕

尊 ご体調・お加減・お具合

● このところご体調がすぐれない［お体がすぐれない］ようですね。
● お風邪を引かれたと伺いましたが、お加減はいかがですか。
● お具合が悪そうですが、大丈夫ですか。

memo

- 「体調」の代わりに「加減」「具合」ということもできる。体調が悪い意では、「お体がすぐれない」のようにもいう。

●たしかめる

耐える 〔たえる〕

尊 耐えられる・お耐えになる・お耐えなさる

- 手術後の痛みに必死に耐えられた。
- そんな苦しい生活によくお耐えになりましたね。

NG お耐えになられる

memo ....

- 「耐える」の代わりに「こらえる」のほか、「我慢する」「辛抱する」などということも多いが、これらは他動詞なので、「痛みをこらえられる［我慢される］」「悲しみをこらえられる」のようにいう。⇨**我慢する**
- 謙譲表現はない。

確かめる 〔たしかめる〕

尊 確かめられる・お確かめになる・お確かめなさる・確認される・（ご）確認なさる・ご確認になる・確かめてくださる・お確かめくださる・確認してくださる・ご確認くださる

- それが事実かどうかお確かめになりましたか［確認されましたか］。
- 部下の提出書類に不備がないか確認なさった。
- 宛先の郵便番号が正しいかどうかお確かめください［ご確認ください］。

NG お確かめになられる・ご確認になられる・お確認される・ご確認される・ご確認してくださる

謙 お確かめする・お確かめいたす・確かめさせていただく・ご確認する・ご確認いたす・ご確認申し上げる・確認させていただく

相手に 確かめていただく・お確かめいただく・確認していただく・ご確認いただく

- お客様の登録番号をお確かめいたします［ご確認いたします］ので少々お待ちください。
- 書類に記載漏れがないか今一度お確かめいただけますか［ご確認い

●たす

ただけますか]。

NG ご確認していただく

足す 〔たす〕

尊 足される・お足しになる

●隠し味にしょうゆを少し足されるとよろしいですよ。

●山田様は用を足されるとすぐにお帰りになりました。

NG お足しになられる

謙 お足しする・足させていただく 相手に 足していただく

●費用の不足分は私が足させていただきます。

●お風呂の湯が熱いときは水を足していただけますか。

memo

• 不足を補う意では、「足す」の代わりに「加える」「追加する」「補う」など ということもできる。⇨**加える**

出す 〔だす〕

尊 出される・お出しになる・お出しなさる・出してくださる・お出しく ださる

●危ないですから窓から手をお出しにならないでください。

●美術展に油絵を出された［お出しになった］そうですね。

●留学の費用はどなたがお出しになったのですか。

●申込書は必要事項をお書きの上お出しください。

NG お出しになられる

謙 お出しする・お出しいたす・出させていただく 相手に 出してい ただく・お出しいただく

●お客様にお茶をお出しする。

●お気に召した物がございましたらケースからお出しいたします。

126

●たずさわる

● この案に反対の方は代案を出していただけますか。

NG お出ししていただく

memo ....
● 書類など差し出す意では「提出する」と言い換えることができる。

助ける 〔たすける〕

尊 助けられる・お助けになる・お助けなさる・助けてくださる・お助けくださる

● 川でおぼれそうになった少年を助けられたそうですね。
● ご友人の事業を金銭面でお助けになった［援助された］。
● 自転車で転んだとき通りかかった人が助けてくださった。

NG お助けになられる・お助けされる

謙 お助けする・お助けいたす・お助け申し上げる　[相手に] 助けていただく・お助けいただく

● お困りのことがありましたらいつでもお助けいたします［力をお貸しします・お力添えします］から。
● いつも何かと助けていただいて感謝しています。
● 皆様にお助けいただいたお陰でなんとか任務を全うできました。

NG お助けしていただく

memo ....
● 「助ける」は相手に助けをほどこす意味合いがあるので、特に謙譲表現では、「援助する」「力を貸す」「力添えする」「手伝う」などに言い換えることが多い。

携わる 〔たずさわる〕

尊 携わられる

● このお仕事に携わられて何年ですか。

●たずねる

謙 携わらせていただく

●お陰様でこの仕事に携わらせていただいて20年になります。

訪ねる　〔たずねる〕

尊 訪ねられる・お訪ねになる・お訪ねなさる

●何十年ぶりかで母校を訪ねられて、ご感想はいかがですか。

●ご自分で陶芸をなさりたくて陶芸家のもとをお訪ねになった。

NG お訪ねになられる・お訪ねされる

謙 お訪ねする・お訪ねいたす・伺う・お伺いする・お伺いいたす

●ご都合のよい日にお訪ねします［お伺いします］。

●3時にそちらにお伺いいたします。

●今度の日曜日にご自宅にお邪魔してもよろしいでしょうか。

Point

● 謙譲語では「伺う」を使うことが多い。ほかに、「お邪魔する」ともいう。

● 「お伺いする」「お伺いいたす」は二重敬語だが、「伺う」をさらに高めた表現として慣用的に使われている。

memo

● 「訪ねる」の代わりに「訪問する」ということもできる。⇨**訪問する**

尋ねる　〔たずねる〕

尊 尋ねられる・お尋ねになる・お尋ねなさる・お聞きになる・お聞きなさる・尋ねてくださる・お尋ねくださる・聞いてくださる・お聞きくださる

●通りがかりの人に駅へ行く道をお尋ねになった［お聞きになった］。

●パソコンのことならあの方にお尋ねになるといいですよ。

●詳しいことは担当者にお尋ねください［お聞きください］。

NG お尋ねになられる・お尋ねされる・お聞きになられる・お聞きされる

128

●たつ

・お尋ねしてくださる・お聞きしてくださる

謙 **お尋ねする・お尋ねいたす・お尋ね申し上げる・お聞きする・お聞きいたす・伺う・お伺いする・お伺いいたす** 相手に **尋ねていただく・お尋ねいただく・聞いていただく・お聞きいただく**

● ちょっとお尋ねします［お聞きします］が、この近くに銀行はありますか。
● 先生にお伺いしたいことがございます。
● バスの乗り場はそちらの案内所でお尋ねいただけますか［お聞きいただけますか］。

Point 「お伺いする」「お伺いいたす」は二重敬語だが、「伺う」をさらに高めた表現として慣用的に使われている。

memo ······························
● 「尋ねる」の代わりに「聞く」ということも多いが、「尋ねる」のほうがかしこまった言い方。⇨**聞く**

立ち寄る 〔たちよる〕

尊 **立ち寄られる・お立ち寄りになる・お立ち寄りなさる・立ち寄ってくださる・お立ち寄りくださる**

● 先生は学校の帰りに本屋に立ち寄られた。
● お近くにお越しの折はどうぞお立ち寄りください。

NG お立ち寄りになられる・お立ち寄りされる

謙 **立ち寄らせていただく**

● そこまで来ましたのでちょっと立ち寄らせていただきました。

立つ 〔たつ〕

尊 **立たれる・お立ちになる・お立ちなさる・立ってくださる・お立ちくださる・ご起立くださる**

129

●たつ

- 通勤電車でずっと立たれたままはおつらいですね。
- バスが止まるまで席からお立ちにならないでください。
- 先生は教壇に立たれて何年ですか。
- 名人は序盤から優位に立たれると、そのまま押し切って勝利された。
- 賛成の方はお立ちください。
- 校歌を斉唱いたします。皆様、どうぞご起立ください。

NG お立ちになられる

謙 **立たせていただく** 相手に **立っていただく・お立ちいただく・ご起立いただく・ご起立願う**

- シェフとして厨房に立たせていただいて5年になります。
- ただ今満席ですのでご観覧される方はお立ちいただくことになりますがよろしいでしょうか。
- お名前を呼ばれた方はお立ちいただけますか［ご起立願えますか］。

memo
- 立ち上がる意では「起立する」ということもできる。

発つ 〔たつ〕

➡出発する

断つ・絶つ 〔たつ〕

尊 **断たれる・お断ちになる・お断ちなさる・絶たれる・お絶ちになる・お絶ちなさる**

- 酒豪の先輩が健康を害してお酒を断たれた［お断ちになった］。
- 願いがかなうまでコーヒーを断たれたそうですね。
- 長年の友人と仲違いして交際をお絶ちになった。
- 作家生活20年目にして筆を断［絶］たれた。

NG お断ちになられる・お絶ちになられる

130

●たのむ

memo ....

- 今まで続いていたものをやめる意では「断つ」、続くはずのものを終わらせる意では「絶つ」と書く。

楽しむ 〔たのしむ〕

尊 楽しまれる・お楽しみになる・お楽しみなさる・楽しんでくださる・お楽しみくださる

- 休暇はどちらで楽しまれましたか。
- ご家族で乗馬を楽しまれるそうですね。
- 夏の夕べのコンサートをどうぞお楽しみください。

NG お楽しみになられる

謙 楽しませていただく　[相手に] 楽しんでいただく・お楽しみいただく

- お陰様で、今日は仕事のことは忘れて楽しませていただきました。
- パーティーはお楽しみいただけましたか。

頼む 〔たのむ〕

尊 頼まれる・お頼みになる・お頼みなさる

- その仕事は外部の方にお頼みになっては［依頼されては］いかがですか。

NG お頼みになられる

Point 「頼まれる」は受け身の意があり、紛らわしい場合は「お頼みになる」「お頼みなさる」を使う。

謙 お頼みする・お頼みいたす・お頼み申し上げる

- ちょっとお頼みしたい［お願いしたい］ことがあります。

memo ....

- 「頼む」の代わりに、「依頼する」「願う」ということもできる。⇨**依頼する・願う**

131

●たべる

食べる　〔たべる〕

尊 お食べになる・上がる・お上がりになる・召し上がる・お召し上がりになる

- デザートは何を召し上がりますか［△お食べになりますか］。
- お昼はもう召し上がりましたか［おすみになりましたか］。
- どうぞ冷めないうちにお上がりください［召し上がってください・お召し上がりください］。

NG お食べになられる・上がられる・お上がりになられる・召し上がられる・お召し上がりになられる

Point
- 「お食べになる」は語法上間違いではないが、「食べる」という行為に対しては直接的な言い方は失礼になることがあるので、目上の人には「上がる」「召し上がる」というほうが適切。また、「食べられる」という言い方もあるが、同様の理由に加え、可能の意にも取れて紛らわしいので避けたほうがよい。
- 2例目のように、食べたかと尋ねる場合は「おすみになりましたか」と婉曲的な言い方もする。
- 尊敬語「上がる」「召し上がる」にさらに尊敬表現の「お…になる」を付けた形の「お上がりになる」「お召し上がりになる」は本来二重敬語だが、慣用的に使われている。

謙 いただく・頂戴する・頂戴いたす

- 送ってくださった手作りのジャム、おいしくいただきました［頂戴しました］。
- 「もっと召し上がってください」「もう十分に頂戴いたしました」

Point
- 「いただく」より「頂戴する」のほうが敬意が高く、かしこまった言い方になる。「頂戴する」に丁重語の「いたす」を付けた「頂戴いたす」はさらに敬意の高い言い方になる。
- 謙譲表現で「食べさせていただく」ということはできるが、ある人やあることのお陰で生活している、生計を立てている意で用いることが多く、自分が食べるという行為についてはあまり使わない。

●ためす

重 いただく

● 美容のためにレモンをいただくようにしています。

● お腹が空いていれば何でもおいしくいただくことができます。

Point 「いただく」は謙譲語のほかに、自分の食べるという行為を相手に対して丁重にいうときにも使われる。

memo

● 食べ物を贈るときに用いる言葉として「ご賞味ください」というのは間違い。「賞味」はほめて味わう意なので、自分が贈ったものをほめて食べてくださいという意味になってしまう。正しくは、つまらない物ですが笑って食べてくださいの意で、「ご笑味ください」という。

た

試す 〔ためす〕

尊 試される・お試しになる・お試しなさる・試してくださる・お試しくださる

● それが実際に使えるかどうか一度試されたらどうですか。

● このブラウス、お試しになりますか［ご試着になりますか］。

● このベッドは寝心地をお試しになれます（✕お試しできます）。

● 新車の乗り心地をぜひお試しください。

NG お試しになられる・お試しされる・お試しできる

謙 試させていただく 　**相手に** **試していただく・お試しいただく**

● このワインの味を試させて［試飲させて］いただいてよろしいですか。

● エアコンの修理が終わりましたので正常に作動するかどうか試していただけますか。

memo

● 何を試すかによって、「試着する」「試乗する」「試飲する」などを使っていうこともできる。⇨**試着する**

133

●たよる

頼る 〔たよる〕

尊 頼られる・頼りにされる・頼りになさる

● 部長は何かというと田中さんを頼られている［頼りにされている］。
● ご自分の後継者として息子さんを頼りになさっている。

Point 「頼られる」「頼りにされる」は受け身の意があり、紛らわしい場合は「頼りになさっている」を使う。

謙 頼らせていただく・頼りにさせていただく

● これからも先輩を大いに頼りにさせていただきます。

誰 〔だれ〕

尊 どなた・どなた様・どちら様

● あの方はどなたですか。
● どなたでもご参加になれます。
●「ごめんください」「どちら様でしょうか」

担当する 〔たんとうする〕

尊 担当される・（ご）担当なさる・ご担当になる

● 山田さんは4月から海外部門を担当なさることになった。

NG ご担当になられる・ご担当される

謙 担当させていただく [相手に] 担当していただく・ご担当いただく

● 都内の営業で私は渋谷区を担当させていただきます。
● 田中さんは受付を担当していただけますか。

誓う 〔ちかう〕

尊 誓われる・お誓いになる・お誓いなさる・誓ってくださる・お誓

134

●ちかづく

いくださる

● お二人は永遠の友情を誓われた。

● ご主人はお酒をきっぱりやめるとお誓いになった（✘お誓いされた）そうですね。

● 約束は絶対守ると誓ってください。

NG お誓いになられる・お誓いされる・お誓いしてくださる

謙 お誓いする・お誓いいたす・お誓い申し上げる　[相手に] 誓っていただく・お誓いいただく

● 最善を尽くすことを皆様にお誓いいたします［お誓い申し上げます］。

● うそは言わないと誓っていただけますか。

NG お誓いしていただく

近づく　〔ちかづく〕

尊 近づかれる・お近づきになる・お近づきなさる・近寄られる

● 親切な方が道に迷っている人にご自分から近づかれて［近寄られて］声をおかけになった。

● 高波で危険ですから海辺にはお近づきにならないでください。

● あのような方にはお近づきにならないほうがよろしいですよ。

NG お近づきになられる・お近づきされる

謙 近づかせていただく・近寄らせていただく

● 展示品にもう少し近づかせて［近寄らせて］いただいてよろしいですか。

memo

● 「近づく」の敬語は、近くに行く、親しくなろうとする意で、「近寄る」を用いることもできる。

● 親しくなろうとする意では謙譲表現は使わない。

●ちゃくせきする

着席する 〔ちゃくせきする〕

尊 着席される・（ご）着席なさる・ご着席になる・着席してくださる・ご着席くださる

● ゲストの方々が壇上に着席されると座談会が始まった。

● ご参列の皆様、どうぞご着席ください（✗ご着席してください）。

NG ご着席になられる・ご着席される・ご着席してくださる

謙 |相手に| ご着席いただく・ご着席願う

● 式典がまもなく始まりますので、皆様ご着席いただけますか（✗ご着席していただけますか）。

NG ご着席していただく

memo ⋯⋯⋯⋯⋯⋯⋯⋯⋯⋯⋯⋯⋯⋯⋯⋯⋯⋯⋯⋯⋯⋯⋯⋯⋯⋯⋯⋯⋯⋯⋯⋯⋯

● 「着席する」の代わりに「座る」ということもできる。自分が席に着く意の謙譲表現はない。⇨**座る**

注意する 〔ちゅういする〕

尊 注意される・（ご）注意なさる・注意してくださる・ご注意くださる

● 日頃から健康面で注意されていることはありますか。

● 課長は新入社員の顧客に対する言葉遣いを注意された［注意なさった］。

● 階段が急になっていますのでお足元にご注意ください［お気をつけください］。

NG ご注意される・ご注意してくださる

要求・依頼 注意してください・ご注意ください・注意してくださいますか・ご注意くださいますか

Point 「ご注意ください」は一方的に要望・命令する意味合いが強いので、「どうぞご注意ください」「くれぐれもご注意ください」のように気遣う言葉を付け加える、あるいは「お気をつけください」と言い換えると相手には柔らかく受け止めてもらえる。

●ちゅうちょする

謙 ご注意する・ご注意いたす・ご注意申し上げる・注意させていただく　相手に 注意していただく・ご注意いただく・ご注意願う

- ●あらかじめご注意申し上げますが、旅行先でお買い物に気を取られているとすりにあう危険性があります。
- ●子どもたちが火のそばに近づかないようにご注意いただけますか［気をつけていただけますか］。

NG ご注意していただく

要求・依頼 注意していただけますか・ご注意いただけますか・ご注意願います・ご注意願えますか

重 注意いたす

- ●これからはミスをしないように注意いたします。
- ●お客様には大変ご迷惑をおかけしまして申し訳ございません。今後このようなことのないように部下には厳重に注意いたしました。

memo
- 用心する意では「気をつける」と言い換えることもできる。⇨**気をつける**

躊躇する　〔ちゅうちょする〕

尊 躊躇される・躊躇なさる・ためらわれる

- ●車好きの部長は躊躇なさることなく新車の購入を決められた。
- ●中田さんは転職のお誘いに躊躇された［ためらわれた］ようですが、結局はお断りになったそうです。

重 躊躇いたす

- ●お申し出を受けるかどうか躊躇いたしました。

memo
- 「躊躇する」の代わりに「ためらう」ということもできる。

●ちゅうもくする

注目する 〔ちゅうもくする〕

尊 注目される・(ご)注目なさる・注目してくださる・ご注目くださる

- 彼が新人の中で監督が一番注目されている［注目なさっている］選手です。
- この画家の絵をご覧になるときは特に色使いにご注目ください（**✕** ご注目してください）。

NG ご注目される・ご注目してくださる

謙 相手に 注目していただく・ご注目いただく

- 皆さん、こちらにご注目いただけますか。

NG ご注目していただく

注文する 〔ちゅうもんする〕

尊 注文される・(ご)注文なさる・ご注文になる・注文してくださる・ご注文くださる

- お飲み物は何を注文されますか。
- 山田さんはテレビ通販で商品を注文なさることがありますか。
- 商品はお電話でご注文になれます（**✕** ご注文できます）。
- この部品は製造元に直接ご注文ください。

NG ご注文になられる・ご注文される・ご注文できる

謙 注文させていただく 相手に 注文していただく・ご注文いただく

- 商品はご注文いただいてからお届けまでに1週間程度かかりますがよろしいでしょうか。

NG ご注文していただく

memo

- 名詞の「ご注文」を使って、「ご注文はお決まりですか」「ご注文の品をお届けに参りました」「ご注文をいただく」のようにいうこともできる。

138

●つかう

著書 〔ちょしょ〕

尊 ご著書・貴著・貴書・高著

● ご著書を拝見しました。

謙 拙著・愚書

● 拙著をお読みいただきましてありがとうございました。

memo ....
• 「貴書」は手紙の尊敬語、「愚書」は手紙の謙譲語としても使われる。

た

使う 〔つかう〕

尊 使われる・お使いになる・お使いなさる・使ってくださる・お使いくださる

● いい道具を使われていますね［お使いになっていますね］。
● 膝がお悪いようでしたら座椅子をお使いになりますか［ご使用になりますか］。
● ここに置いてある傘はご自由にお使いください。

NG お使いになられる

要求・依頼 使ってください・お使いください・使ってくださいますか・お使いくださいますか

Point 何を使っているかと問うときは、「どこのメーカーのパソコンをお使いですか［使っていらっしゃいますか］」のようにいう。

謙 使わせていただく **相手に** 使っていただく・お使いいただく

● 就職祝いに頂戴した万年筆は大切に使わせていただきます。
● 料理教室の道具は共用で使っていただけますか［ご使用いただけますか］。

要求・依頼 使っていただけますか・お使いいただけますか

memo ....
• 「使う」の代わりに「使用する」ということもできる。

●つかえる

仕える 〔つかえる〕

尊 仕えられる・お仕えになる・お仕えなさる

- 議員の秘書としてお仕えになって何年ですか。
- ワンマン社長に長年にわたりよくお仕えなさいましたね。

NG お仕えになられる・お仕えされる

謙 お仕えする・お仕えいたす・お仕え申し上げる・仕えさせていただく

- 大使館職員として歴代の大使にお仕えしてきました。

疲れる 〔つかれる〕

尊 お疲れになる

- 残業続きでお疲れになっていませんか。
- 少し疲れていらっしゃるようですね［お疲れのようですね］。

NG お疲れになられる

Point 「疲れている」という状態をいう尊敬表現は「疲れていらっしゃる［おられる］」。名詞の「お疲れ」を使い、「お疲れのようですね」「お疲れのご様子ですね」のようにいうこともできる。

memo
- 「お疲れ様」は仕事などが終わった人にかける挨拶の言葉。同様の挨拶の言葉に「ご苦労様」があるが、こちらは目上の人に対しては使わない。⇨**苦労する**
- 謙譲表現はない。

付き合う 〔つきあう〕

尊 付き合われる・お付き合いなさる・付き合ってくださる・お付き合いくださる

- お二人はいつからお付き合いなさっているのですか。

●つぐ

●ちょっとそこまで付き合ってくださいませんか。

NG お付き合いされる・お付き合いしてくださる

要求・依頼 付き合ってください・お付き合いください・付き合ってくださいますか［くださいませんか］・お付き合いくださいますか［くださいませんか］

謙 お付き合いする・お付き合いいたす・お付き合い申し上げる
相手に 付き合っていただく・お付き合いいただく

●「これから買い物に行くのですが付き合っていただけませんか」「喜んでお付き合いいたします」

●私とお付き合いいただけませんか（✗お付き合いしていただけませんか）。

NG お付き合いしていただく

要求・依頼 付き合っていただけますか［いただけませんか］・お付き合いいただけますか［いただけませんか］

memo
●「付き合う」の敬語は、行動を共にする、親しくする、特に、恋人として親しくする意。

着く 〔つく〕

➡**到着する**

注ぐ 〔つぐ〕

尊 注がれる・お注ぎになる・お注ぎなさる

●ご主人はお客様のグラスにワインを注がれた［お注ぎになった］。

NG お注ぎになられる

謙 お注ぎする・お注ぎいたす・お注ぎ申し上げる・注がせていただく

141

●つぐ

- ●お酒をお注ぎしましょうか。
- ●部長、ビールをお注ぎいたします。

継ぐ 〔つぐ〕

尊 継がれる・お継ぎになる・お継ぎなさる

- ●社長亡きあと、ご長男が会社をお継ぎになった。

NG お継ぎになられる

謙 お継ぎする・お継ぎいたす・お継ぎ申し上げる・継がせていただく

- ●転勤される先輩のこれまでの仕事は私が継がせていただく（**✕**継がさせていただく）ことになりました。

NG 継がさせていただく

尽くす 〔つくす〕

尊 尽くされる・お尽くしになる・お尽くしなさる・尽力される・（ご）尽力なさる

- ●山田さんは病身のお母様に献身的にお尽くしになった。
- ●長年福祉事業に尽くされた［尽力された］方々を表彰する。

NG お尽くしになられる・お尽くしされる・ご尽力される

謙 お尽くしする・お尽くしいたす・お尽くし申し上げる・尽くさせていただく・ご尽力する・ご尽力いたす・ご尽力申し上げる・尽力させていただく

- ●これからも介護を必要とされる方々に心を込めてお尽くししたいと思っています。
- ●地域の発展・活性化のために尽力させていただきます。

142

●つける

memo ·····

● あることのために力を尽くす意では「尽力する」を使うことが多い。

作る 〔つくる〕

尊 **作られる・お作りになる・お作りなさる・作ってくださる・お作りくださる**

● これはお子さんのために作られたおもちゃだそうです。
● これは有名な陶芸家がお作りになった茶碗です。
● 友達のお母さんがケーキを作ってくださった。

NG お作りになられる・お作りされる

謙 **お作りする・お作りいたす・お作り申し上げる・作らせていただく** **相手に** **作っていただく・お作りいただく**

● ご依頼の品はできるだけ早くお作りします。
● 報告書は私がお作りいたします。
● 今後の予定表を作っていただけますか。

memo ·····

● 書類や文章などは「作成する」、作品や物品などは「制作する」「製作する」などということもできる。

付ける 〔つける〕

尊 **付けられる・お付けになる・お付けなさる・付けてくださる・お付けくださる**

● ドレスの胸に真珠のブローチを付けられてパーティーに出席された。
● 30年も日記を付けられているのですね。
● 契約の際にいくつか条件をお付けになった。
● 部長は公私のけじめをお付けになる方です。
● 仕事に一区切りお付けになってほっとされたことでしょう。
● 先生が子どもの名前を付けてくださった。

143

●つげる

NG お付けになられる・お付けしてくださる

謙 **お付けする・お付けいたす・お付け申し上げる・付けさせていただく** 相手に **付けていただく・お付けいただく**

- ●ボタンが取れているようですが、お付けしましょうか。
- ●本日お買い上げいただくとポイントを2倍お付けします。
- ●出席者名簿に印をお付けいただけますか。

memo
- ●「付ける」の敬語は、付着させる、付け加える、決着させる、記入する、決めるなどの意。

告げる 〔つげる〕

尊 **告げられる・お告げになる・お告げなさる**

- ●監督は選手の交代を告げられた。
- ●医師は病名を本人にお告げになった［告知なさった］。
- ●誰にもお告げにならずに旅に出られた。

NG お告げになられる

謙 **お告げする・お告げいたす・お告げ申し上げる**

- ●患者さんには担当医の私から病名をお告げします［お伝えします］。

memo
- ●「告げる」の代わりに「告知する」「伝える」「知らせる」などを使うこともできる。⇨**伝える・知らせる**

伝える 〔つたえる〕

尊 **伝えられる・お伝えになる・お伝えなさる・伝えてくださる・お伝えくださる**

- ●こちらの意向を先方にお伝えになりましたか。
- ●お母様によろしくお伝えください。

●つづける

●明日は午後から出社しますと課長にお伝えくださいますか［ご伝言
くださいますか・お言づけくださいますか］。

NG お伝えになられる・お伝えされる・お伝えしてくださる

要求・依頼 伝えてください・お伝えください・伝えてくださいますか・お
伝えくださいますか

謙 お伝えする・お伝えいたす・お伝え申し上げる・伝えさせていた
だく　**相手に** 伝えていただく・お伝えいただく・お伝え願う

●皆様にお伝えしたいことがあります。

●日程の変更は私のほうから先方にお伝えいたします。

●課長さんに山田から電話があったとお伝えいただけますか［ご伝言
いただけますか・お言づけいただけますか］。

NG お伝えしていただく

要求・依頼 伝えていただけますか・お伝えいただけますか・伝えていただ
けませんか・お伝えいただけませんか・お伝え願えますか

Point 3例目の返事として、「山田様からお電話をいただいたことを課長に
お伝えします」というのは不適切。「お伝えします」は身内である課長に対
する謙譲表現で、課長を高めることになる。外部の山田さんに敬意を表す
ためには、丁重表現で「課長に申し伝えます」のようにいう。

memo ⋯⋯⋯⋯⋯⋯⋯⋯⋯⋯⋯⋯⋯⋯⋯⋯⋯⋯⋯⋯⋯⋯⋯⋯⋯⋯⋯⋯⋯⋯⋯⋯⋯⋯⋯

● 用件を言葉で伝える意では「伝言する」「言づける」と言い換えることもで
きる。⇨**伝言**

続ける　〔つづける〕

尊 続けられる・お続けになる・お続けなさる・続けてくださる・お
続けくださる

●課長は部下に会社を辞めないように説得を続けられた。

●朝のジョギングは今もお続けになっていらっしゃるのですか。

●どうぞそのままお話をお続けになってください［お続けください］。

NG お続けになられる・お続けされる

●つつむ

謙 続けさせていただく

- 10分間の休憩を挟んで会議を続けさせていただきます。

包む 〔つつむ〕

尊 包まれる・お包みになる・お包みなさる・包んでくださる

- 丸い物を包まれる［お包みになる］とき風呂敷は便利ですよ。
- 香典を1万円お包みになる。
- これをプレゼント用に包んでください。

NG お包みになられる・お包みされる

謙 お包みする・お包みいたす・お包み申し上げる 相手に **包んでいただく・お包みいただく**

- 「お品物はどの包装紙でお包みいたしましょうか」「花模様の紙で包んでいただけますか」
- 結婚のお祝いにはいかほどお包みしたらよいでしょうか。

memo
- 「包む」の敬語は、物を布や紙などでくるむ意のほか、祝儀や不祝儀などでお金を紙や袋にくるむ意で使う。

努める 〔つとめる〕

尊 努められる・お努めになる・お努めなさる

- できるだけ明るく振る舞うよう努められた［お努めになった］。
- 一日も早い職場復帰のために療養に努められている［努めていらっしゃる］。

NG お努めになられる・お努めされる

Point 「努めている」の尊敬表現は「努めていらっしゃる［おられる］」ということもできる。

謙 努めさせていただく

146

●つとめる

●問題の早期解決に全力で努めさせていただきます。

重 努めて参る

●製品の安全性向上に努めて参ります。

memo
- 「努める」の代わりに「努力する」ということもできる。⇨**努力する**

勤める　〔つとめる〕

尊 勤められる・お勤めになる・お勤めなさる・勤務される・(ご)勤務なさる

●今の会社に勤められて［お勤めになって］何年ですか。
●息子さんは外資系の会社にお勤めなさって(✕お勤めされて)いるそうですね。
●早朝や深夜に勤務されることはありますか。

NG お勤めになられる・お勤めされる・ご勤務される

謙 勤めさせていただく・勤務させていただく

●先輩の紹介で今の会社に勤めさせていただいています。

memo
- 職務に従事する意では「勤務する」ということもできる。

務める　〔つとめる〕

尊 務められる・お務めになる・お務めなさる

●長い間務められた［お務めになった］会長を辞任なさった。

NG お務めになられる・お務めされる

謙 務めさせていただく

●ご指名により本日の司会を務めさせていただきます。

●つなぐ

> **Point** 「〜させていただく」は相手の許可や承認のもとにそれをさせてもら
> う意の謙譲表現なので、自分から申し出て司会をするような場合に「司会を
> 務めさせていただきます」というのは不適切で、丁重語あるいは丁寧語を
> 使い「本日は私が司会をいたします［務めます］」のようにいう。

繋ぐ 〔つなぐ〕

尊 **繋がれる・お繋ぎになる・お繋ぎなさる**

- お孫さんと手をつながれて［おつなぎになって］仲良くお散歩です
  か。

  NG お繋ぎになられる

謙 **お繋ぎする・お繋ぎいたす・お繋ぎ申し上げる**

- （電話で）ただ今係の者におつなぎいたします。

積む 〔つむ〕

尊 **積まれる・お積みになる・お積みなさる**

- 朝早く車にキャンプ用品を積まれると、ご一家で目的地に向かって
  出発された。
- 多くの経験を積まれてきた方のご意見はとても参考になります。
- どんなに大金をお積みになってもこの仕事はお受けできません。

  NG お積みになられる・お積みされる

謙 **積ませていただく**

- 皆様のご指導のもと、たくさんの経験を積ませていただきました。

詰める 〔つめる〕

尊 **詰められる・お詰めになる・お詰めなさる・詰めてくださる・お
詰めくださる**

148

●ていあんする

- ●山田さんは旅行かばんにお土産をいっぱい詰められて［お詰めになって］海外出張から帰国された。
- ●もう少々席をお詰めくださいますか。

NG お詰めになられる・お詰めされる・お詰めしてくださる

謙 **お詰めする・お詰めいたす・詰めさせていただく** 相手に **詰めていただく・お詰めいただく**

- ●この果物、お見舞い用でしたら籠にお詰めしましょうか。
- ●ズボンの丈を少し詰めていただけますか。

NG お詰めしていただく

連れる 〔つれる〕

尊 **お連れになる・お連れなさる・お連れくださる**

- ●部下の方とざっくばらんに話がしたいときは居酒屋にお連れになる（✘お連れされる）そうですね。
- ●パーティーにはどうぞご家族をお連れになってください［お連れください］。

NG お連れになられる・お連れされる・お連れしてくださる

謙 **お連れする・お連れいたす・お連れ申し上げる**

- ●（来客を社長室に案内して）お客様をお連れしました。

Point この用例の場合は「お連れする」の代わりに「ご案内する」を用いて、「お客様をご案内しました」ということもできる。

memo

- 同伴者の意の尊敬語は「お連れの方」「お連れ様」で、「お連れの方はどなたですか」「お連れ様がお見えになりました」のようにいう。⇨**同伴者**

提案する 〔ていあんする〕

尊 **提案される・（ご）提案なさる・ご提案になる**

149

●ていじする

- 企画会議で課長自ら若者向けの商品の開発をご提案なさった（**×**ご提案された）。

  NG ご提案になられる・ご提案される

謙 ご提案する・ご提案いたす・ご提案申し上げる・提案させていただく　**相手に** 提案していただく・ご提案いただく

- 新しい企画についてご提案したいことがあります。

提示する　〔ていじする〕

尊 提示される・（ご）提示なさる・ご提示になる・提示してくださる・ご提示ください

- 新社長は会社の大胆な改革案を提示なさった。
- 入国審査カウンターでパスポートをご提示ください。

  NG ご提示になられる・ご提示される・ご提示してくださる

謙 ご提示する・ご提示いたす・ご提示申し上げる・提示させていただく　**相手に** 提示していただく・ご提示いただく

- こちらからご提示した条件に先方から承諾の返事をいただいた。
- お取引価格を具体的にご提示いただけますか。

  NG ご提示していただく

訂正する　〔ていせいする〕

尊 訂正される・（ご）訂正なさる・ご訂正になる

- 山田さんは部下の書類に誤字を見つけ訂正された（**×**ご訂正された）。
- 大臣はご自分の発言を訂正なさった。

  NG 訂正になられる・ご訂正される

謙 ご訂正いたす・訂正申し上げる・訂正させていただく

●でかける

● 書類の日付が間違っておりましたので、訂正させていただきます。

重 訂正いたす

● 記事に誤りがありましたことをお詫びして訂正いたします。

手がける 〔てがける〕

尊 手がけられる

● 新しい仕事を手がけられるそうですね。

● 監督はこれまで多くの映画を手がけてこられた。

Point 「手がけてくる」の尊敬表現は「手がけてこられる」という。

謙 手がけさせていただく

● これは私が独立して初めて手がけさせていただいた仕事です。

出かける 〔でかける〕

尊 出かけられる・お出かけになる・お出かけなさる・お出かけくださる

● 先生をお訪ねすると出かけられた［お出かけになった］あとでした。

● お隣のご一家は先ほど車でお出かけになりましたよ。

● 狭い家ですがどうぞお出かけください。

NG お出かけになられる・お出かけされる・お出かけしてくださる

Point
● 「お出かけください」は出かけてきてください、いらっしゃってください、の意。
● 名詞の「お出かけ」に丁寧語の「です」を付けて、「どちらにお出かけですか」のようにいうこともできる。

謙 出かけさせていただく

● 急用でちょっと出かけさせていただきます。

151

●てがみ

memo ·····

- 出かけるという行為そのものは相手に及ばないので、本来謙譲表現はないが、「お出かけする」という言い方は「お出かけするので支度しなさい」「これからお母さんとお出かけするの」のように使われることがある。この場合の「お出かけ」は名詞として、出かけること、外出の意の丁寧表現と考えられる。「お座りする」「お絵かきする」の「お座り」「お絵かき」と同様である。
- 「さっきご主人がお出かけするのをお見かけしました」のようにいうと、相手の行為に形だけでも謙譲表現の「お出かけする」を用いることになるので、尊敬表現で「出かけられる［お出かけになる］のをお見かけしました」のようにいうほうがよい。

手紙 〔てがみ〕

尊 お手紙・お便り・ご書状・ご書面・(ご)懇書（こんしょ）・貴書（きしょ）・貴信（きしん）・芳書（ほうしょ）・芳信（ほうしん）

- 大学時代の先輩からお手紙［お便り］をいただいた。
- ご書状拝受いたしました。
- ご書面拝見いたしました。
- 芳書拝読いたしました。

Point 「書面」は手紙、文書、また、その内容、文面の意。「懇書」は丁寧で行き届いた手紙の意。「貴書」「貴信」「芳書」「芳信」は相手の手紙を敬っていう語。

謙 お手紙・愚書（ぐしょ）・寸書（すんしょ）・寸簡（すんかん）・寸紙（すんし）

- 突然お手紙を差し上げます失礼をお許しください。
- 愚書をお読みいただきましてありがとうございました。
- 恩師に寸紙をしたためる。

Point 「愚書」は自分の手紙をへりくだっていう語。「寸書」「寸簡」「寸紙」は短い手紙の意で、自分の手紙をへりくだっていう語。

memo ·····

- 「お手紙」は尊敬語のほか、「先生にお手紙を差し上げる」の場合は謙譲語、「お手紙を書くのは苦手です」の場合は美化語となる。

152

●～できる

～できない

尊 お[ご]～になれない

● この品は当店以外ではお買い求めになれません（✗お買い求めできません）。

● 当施設は会員以外の方はご利用になれません（✗ご利用できません）。

Point 「お［ご］～できる」は自分の行為についていう謙譲表現なので、相手の行為には用いることはできない。（巻末の「パターンで覚えるNG敬語」④を参照）

謙 お[ご]～できない・お[ご]～しかねる・お[ご]～いたしかねる

● そのご質問にはお答えできません。

● その提案にはご同意しかねます。

● ご依頼の仕事はお引き受けいたしかねます。

● その件の詳細につきましてはご説明いたしかねます。

重 ～いたしかねる

● その意見には賛成いたしかねます。

丁 ～できません・～しかねます

● 私には理解できません［理解しかねます］。

● ご希望には添いかねます。

～できる

尊 お[ご]～になれる・お[ご]～になることができる

● お弁当はお持ち帰りになれます（✗お持ち帰りできます）。

● 図書館は6時までご利用になれます（✗ご利用できます）。

● ここの本はどなたでもお読みになることができます。

Point 「お［ご］～できる」は自分の行為についていう謙譲表現なので、相手の行為には用いることはできない。（巻末の「パターンで覚えるNG敬語」

153

●てつだう

④を参照）

謙 お[ご]～できる

- 私にお手伝いできることがあれば何でもおっしゃってください。
- お部屋はシングルルームでしたらご用意できます。

Point 「お［ご］～できる」は自分の行為についていう謙譲表現。

丁 ～できます

- あなたのお気持ちはよく理解できます。

Point 可能の助動詞「れる」「られる」に丁寧語の「ます」を付けて、「昨夜はぐっすり眠れました」「この魚は食べられますか」のようにいうこともできる。

手伝う 〔てつだう〕

尊 手伝われる・お手伝いなさる・手伝ってくださる・お手伝いくださる

- 先輩は会社を辞めて今はお父さんの仕事を手伝われているそうです。
- 暮れの大掃除をお手伝いなさらないのですか。
- 田中さんが書類の整理を手伝ってくださったので助かりました。

NG お手伝いされる・お手伝いしてくださる

要求・依頼 手伝ってください・手伝ってくださいますか・お手伝いくださいますか・手伝ってくださいませんか

謙 お手伝いする・お手伝いいたす・お手伝い申し上げる・手伝わせていただく **相手に** **手伝っていただく・お手伝いいただく**

- 荷物を運ぶのをお手伝いしましょうか。
- 私にできることなら何でもお手伝いいたします。
- ちょっと手伝っていただけますか。

NG お手伝いしていただく

要求・依頼 手伝っていただけますか・お手伝いいただけますか・手伝って

154

●でる

| いただけませんか・お手伝いいただけませんか

手続きする 〔てつづきする〕

尊 **手続きされる・（お）手続きなさる**

● 会員になるためにお手続きなさいましたか（✗お手続きされましたか）。

NG お手続きされる

謙 **お手続きする・お手続きいたす・手続きさせていただく**

● 特許申請に関しましては当事務所でお手続きいたします。

た

手配する 〔てはいする〕

尊 **手配される・（お）手配なさる・手配してくださる・お手配くださる**

● パーティーの会場はもう手配なさいましたか。
● 車を手配してくださいますか。

NG お手配される

謙 **お手配する・お手配いたす・お手配申し上げる・手配させていただく** 相手に **手配していただく・お手配いただく**

● 飛行機はご希望の席をお手配いたしました。
● 出張先のホテルを手配していただけますか。

出る 〔でる〕

尊 **出られる・お出になる**

● 部長は先ほど会社を出られました［お出になりました］。
● 午後の会議にはお出になりますか［△出られますか］。
● テレビに出られた［お出になった］ことはおありですか。

NG お出になられる

●てんきんする

> **Point** ２例目の「会議には出られますか」は、出ることができるかという可能の意味にも受け取れるので、「お出になりますか」あるいは「出席なさいますか」と尋ねたほうが相手に正確に伝わる。

謙 出させていただく

- 話し合いの場に私も出させていただいてよろしいでしょうか。

memo ....

- 「出る」の敬語は、外に出る、出かけるの意のほかに、出席する、出演する、出場するなどの意でも使われる。⇨**出かける・出席する・出演する・出場する**

転勤する 〔てんきんする〕

尊 転勤される・（ご）転勤なさる・ご転勤になる

- どちらに転勤されるのですか（✗ご転勤されるのですか）。
- 福岡支社に転勤なさるそうですね。

> **NG** ご転勤になられる・ご転勤される

重 転勤いたす

- 来月福岡に転勤いたします。

伝言 〔でんごん〕

尊 ご伝言・お言づけ・お言伝

- ただ今課長は席を外しておりますので、ご伝言がございましたら私が承ります。
- お客様から課長に来社が少し遅れるとのお言づけ［お言伝］がありました。

memo ....

- 「伝言」は「言づけ」「言伝」と言い換えることもでき、柔らかい表現となる。
- 動詞の「伝言する」は「伝える」「言づける」「言伝する」と言い換えること

●といあわせる

もできる。⇨**伝える**

電話する 〔でんわする〕

尊 **電話される・（お）電話なさる・電話してくださる・お電話くださる**

- 係長は急な用件で取引先の担当者にお電話なさった（✗お電話された）。
- お話ししたいことがありますのでご都合のよいときにお電話ください（✗お電話してください）。

NG お電話される・お電話してくださる

Point 名詞の「お電話」を使い、「お電話をおかけになる」「お電話をくださる」のようにいうこともできる。

謙 **お電話する・お電話いたす・お電話申し上げる・お電話させていただく** **相手に** **電話していただく・お電話いただく**

- 私からあとでお電話します。
- こちらから折り返しお電話いたします。
- お留守でしたので改めてお電話させていただきます。
- 明日の午後にもう一度お電話いただけますか。

NG お電話していただく

Point 名詞の「お電話」を使い、「お電話を差し上げる」「お電話をいただく」のようにいうこともできる。

問い合わせる 〔といあわせる〕

尊 **お問い合わせになる・お問い合わせなさる・問い合わせてくださる・お問い合わせくださる**

- コンクールの参加資格について主催者にお問い合わせになる。
- ご不明の点は下記までお問い合わせください。

NG お問い合わせになられる・お問い合わせしてくださる

要求・依頼 問い合わせてください・お問い合わせください・お問い合わせ

157

●どう

くださいますか

謙 お問い合わせする・お問い合わせいたす　[相手に] 問い合わせて
いただく・お問い合わせいただく

- ●先ほど会員募集の件でお問い合わせした者ですが、担当の方はいらっしゃいますか。
- ●大会の詳しい日程につきましては事務局にお問い合わせいただけますか。

[要求・依頼] 問い合わせていただけますか・お問い合わせいただけますか

どう

改 いかが

- ●お体の具合はいかがですか。
- ●ご旅行はいかがでしたか。
- ●ご一緒にお食事でもいかがですか。
- ●そういう考え方はいかがかと思います。

memo
- ●相手に様子や要望を聞いたり、誘ったり、疑問を挟んだりするときなどに用いる。

登場する　〔とうじょうする〕

尊 登場される・（ご）登場なさる・ご登場になる・ご登場くださる

- ●余興で部長が奇抜な服装で登場されると宴会場はどっと沸いた。
- ●それではゲストの皆様、ご登場ください。

NG ご登場になられる・ご登場される・ご登場してくださる

謙 [相手に] 登場していただく・ご登場いただく

- ●それではゲストの皆様にご登場いただきましょう。

NG ご登場していただく

●どうはんしゃ

同情する 〔どうじょうする〕

尊 同情される・（ご）同情なさる

● 身寄りのない子どもたちに同情なさって援助の手を差し伸べられた。

NG ご同情される

謙 ご同情する・ご同情いたす・ご同情申し上げる

● 度重なるご不幸に心からご同情申し上げます。

到着する 〔とうちゃくする〕

尊 到着される・（ご）到着なさる・ご到着になる・着かれる・お着きになる・お着きなさる

● アメリカからご友人が明朝成田着の便で到着なさるそうです。
● お客様がご到着になりました［お着きになりました］。

NG ご到着になられる・お着きになられる・ご到着される

重 到着いたす

● 当機はまもなく羽田空港に到着いたします。

memo

● 「到着する」の代わりに「着く」ということもできる。
● 「到着する」に「ご到着する」「ご到着いたす」といった謙譲表現はない。また、それを尊敬表現として「お客様がご到着しました」のようにいうのは間違い。

同伴者 〔どうはんしゃ〕

尊 お連れの方・お連れ様・ご一緒の方・ご同伴の方

● お連れの方［ご一緒の方］はどなたですか。
● お連れ様がお見えになりました。
● ご同伴の方は学生時代のご友人だそうです。

159

●とおす

通す 〔とおす〕

尊 通される・お通しになる・お通しなさる・通してくださる・お通し
くださる

- 新しい洋服に袖を通される。
- 豚肉は中まで火を通されたほうがいいですよ。
- 田中さんはご自分の意志を最後まで通される［お通しになる］方で
す。
- （道をふさいでいる人に）ちょっと通してくださいますか。

  NG お通しになられる・お通しされる

謙 お通しする・お通しいたす・お通し申し上げる　**相手に** 通してい
ただく・お通しいただく

- お客様をお部屋にお通ししてよろしいですか。
- （道をふさいでいる人に）ちょっと通していただけますか。

memo
- 「通す」の敬語は、通行させる、部屋などに導き入れる、食品に熱を行き渡
らせたり水にくぐらせたりする、貫徹するなどの意で使われる。

通る 〔とおる〕

尊 通られる・お通りになる・お通りなさる・お通りください

- 先生は散歩されるときいつもこの道をお通りになります。
- どうぞお通りください。

  NG お通りになられる・お通りされる

謙 通らせていただく

- 駅への近道なので私道を通らせていただいています。
- すみません。ちょっと前を通らせていただいてもよろしいですか。

●どくりつする

年寄り 〔としより〕

➡老人

解く 〔とく〕

尊 解かれる・お解きになる・お解きなさる

● 部長は出張先のホテルに着くとすぐに荷を解かれた。

● 先輩が難問をすらすらと解かれたので驚きました。

● お嬢さんはお相手と話されるうちに警戒心を解かれたようですよ。

● 総理は本日付で法務大臣の任をお解きになった。

NG お解きになられる

謙 解かせていただく

● 御社との契約を今年度限りで解かせていただきたいのですが。

memo

• 任務などは「解任する」、契約などは「解約する」、命令や制限などは「解除する」に言い換えることができる。

説く 〔とく〕

尊 説かれる・お説きになる・お説きなさる

● 先生は生徒たちに友達の大切さを説かれた［お説きになった］。

NG お説きになられる

memo

• 「説く」は相手に言ってきかせる意で、目上の人に対してする行為ではないので、謙譲表現はない。

独立する 〔どくりつする〕

尊 独立される・独立なさる

た

161

●とじる

●お子さんたちは皆さん立派に独立されてご安心ですね。

●会社を辞めて独立なさるのですか。

謙 独立させていただく

●この度20年間勤めた会社を辞めて独立させていただくことになりました。

重 独立いたす

●この度長年勤めていた店を辞めて独立いたしました。

memo ⋯⋯⋯⋯⋯⋯⋯⋯⋯⋯⋯⋯⋯⋯⋯⋯⋯⋯⋯⋯⋯⋯⋯⋯⋯⋯⋯⋯⋯⋯⋯⋯⋯⋯

● 自分の都合で独立するような場合は、謙譲語の「独立させていただく」ではなく、丁重語の「独立いたす」というほうがよい。

閉じる 〔とじる〕

尊 閉じられる・お閉じになる

●山田さんは音楽を聴きながら静かに目を閉じられた。

●3月でお店を閉じられるそうですね。

●先生は80年の生涯を閉じられました。

NG お閉じになられる

memo ⋯⋯⋯⋯⋯⋯⋯⋯⋯⋯⋯⋯⋯⋯⋯⋯⋯⋯⋯⋯⋯⋯⋯⋯⋯⋯⋯⋯⋯⋯⋯⋯⋯⋯

● 謙譲表現は通常使われない。

年を取る 〔としをとる〕

尊 年を取られる・年をお取りになる・年を重ねられる・年をお重ねになる・お年を召す

●お母様は年を取られて、少し足腰が弱っておられるようですね。

●あの俳優さんは年を重ねられて円熟味が増しましたね。

●お隣のご夫婦はお年を召してもお元気で海外にもお出かけになるそうです。

●ととのえる

NG 年をお取りになられる・年をお重ねになられる

謙 馬齢を重ねる
（ば れい）

● これまで馬齢を重ねて参りました。

Point 「馬齢」は自分の年齢の謙譲語。「馬齢を重ねる」はたいしたことも
しないでむだに年を取る意で、「年を取る」の謙譲表現として使う。

どっち・どれ・どこ

た

改 どちら

● お部屋は洋室と和室のどちらになさいますか。
● この写真の中でどちらがお嬢さんですか。
● これからどちらに行かれますか。
● どちらのご出身ですか。

届ける 〔とどける〕

尊 届けられる・お届けになる・お届けなさる・届けてくださる・お届けくださる

● 郵便局に住所変更をお届けになりましたか［お届けなさいましたか］。
● 会議室に忘れた物を課長がわざわざ届けてくださった。

NG お届けになられる・お届けされる

謙 お届けする・お届けいたす・お届け申し上げる　相手に 届けていただく・お届けいただく

● ご注文の品は明日午前中にお届けいたします。
● この書類を部長に届けていただけますか。

整える 〔ととのえる〕

尊 整えられる・お整えになる・お整えなさる

163

●ととのえる

- ●部長は身なりを整えられてから社長室のドアをノックされた。
- ●しっかり体調を整えられて試合に臨まれる。

NG お整えになられる

謙 整えさせていただく

- ●必要書類はこちらで整えさせていただきます。

調える 〔ととのえる〕

尊 調えられる・お調えになる・お調えなさる

- ●娘さんのお嫁入り道具は調えられましたか。
- ●シェフはスープに塩を少し足して味を調えられた。

NG お調えになられる

謙 調えさせていただく

- ●お客様のお食事は私どもで調えさせていただきます。

留まる 〔とどまる〕

尊 留まられる・お留まりになる・お留まりなさる

- ●知事は現職に留まられるおつもりです。
- ●台風のため外に出られずホテルにお留まりになったそうですね。

NG お留まりになられる

謙 留まらせていただく 相手に 留まっていただく・お留まりいただく

- ●会社再建の見通しがつくまで、今まで通り役員として留まっていただけませんか。

memo ·········

- ●「留まる」の敬語は、同じ場所や地位にいて動かないでいる意で使われる。

●とめる

唱える 〔となえる〕

尊 唱えられる・お唱えになる・お唱えなさる・提唱される・(ご)提唱なさる・ご提唱になる

- 部長は会議で計画推進派の意見に異議を唱えられた。
- 教授は学会で新しい教育理論を提唱なさった。

NG お唱えになられる・ご提唱される・ご提唱になられる

memo
- 新しい意見などを唱える意では「提唱する」ともいう。

泊まる 〔とまる〕

尊 泊まられる・お泊まりになる・お泊まりなさる・宿泊される・(ご)宿泊なさる・ご宿泊になる

- 京都ではどちらにお泊まりになる［宿泊される］予定ですか。

NG お泊まりになられる・お泊まりされる・ご宿泊になられる・ご宿泊される

謙 泊まらせていただく ［相手に］ 泊まっていただく・お泊まりいただく

- お言葉に甘えて泊まらせていただきます。
- もう遅いのでお客様には泊まっていただいたらどうですか。

memo
- 「泊まる」の代わりに「宿泊する」を使うこともできる。

止める 〔とめる〕

尊 止められる・お止めになる・お止めなさる

- 先輩が二人の間に入ってけんかを止められた。
- 車を玄関の前にお止めになった。

NG お止めになられる・お止めされる

165

● とめる

謙 お止めする・お止めいたす・お止め申し上げる・止めさせていただく

● ツアーのお客様には危険な所には行かないようにお止めしました。

● これから会社のほうにお伺いしますが、車をそちらの駐車場に止めさせていただいてもよろしいでしょうか。

泊める 〔とめる〕

尊 泊められる・お泊めになる・お泊めなさる

● 留学生をご自宅にお泊めになって世話をされたそうですね。

NG お泊めになられる・お泊めされる

謙 お泊めする・お泊めいたす・お泊め申し上げる 〔相手に〕 泊めていただく・お泊めいただく

● こんなところでよかったらお泊めしますよ。

● ひと晩泊めていただけませんか。

友達 〔ともだち〕

尊 お友達・ご友人

● お友達を紹介していただけませんか。

● ご友人は何をなさっている方ですか。

美 お友達

● お友達がほしい。

● あの人はお友達を作るのが上手だ。

memo ·········

• 「お友達」より「ご友人」のほうが改まった言い方。

• 「お友達」は尊敬語のほか、美化語としても使われる。

• 学校で一緒に勉強する友達は「学友」、きわめて親しい友達は「親友」といい、それぞれ尊敬語は「ご」を付けて、「ご学友」「ご親友」という。

166

●とりかえる

取り扱う　〔とりあつかう〕

尊 取り扱われる・お取り扱いになる・お取り扱いなさる・取り扱ってくださる・お取り扱いくださる

● 個人情報は慎重にお取り扱いになるべきです。

● ガラス食器は丁寧にお取り扱いください。

NG お取り扱いになられる・お取り扱いされる・お取り扱いしてくださる

謙 お取り扱いする・お取り扱いいたす・お取り扱い申し上げる

相手に 取り扱っていただく・お取り扱いいただく・お取り扱い願う

● ただ今その商品はお取り扱いして［お取り扱いいたして］おりません。

● この書類は極秘でお取り扱いいただけますか（**×**お取り扱いしていただけますか）。

NG お取り扱いしていただく

memo ....

● 名詞の「お取り扱い」を使い、尊敬語として「ガラス食器のお取り扱いは丁寧にお願いします」、謙譲語として「ただ今その商品のお取り扱いはしておりません」のようにいう。

取り替える　〔とりかえる〕

尊 取り替えられる・お取り替えになる・お取り替えなさる・取り替えてくださる・お取り替えくださる

● 熱帯魚がお好きで、ご自分で水槽の水を取り替えられるそうですね。

● 電球が切れたので新しいものと取り替えてください。

NG お取り替えになられる・お取り替えされる・お取り替えしていただく

要求・依頼 取り替えてください・お取り替えください・取り替えてくださいますか・お取り替えくださいますか

●とりくむ

謙 お取り替えする・お取り替えいたす・お取り替え申し上げる・取り替えさせていただく　相手に 取り替えていただく・お取り替えいただく

- 不良品はお取り替えいたします。
- この服はサイズが合わなかったので取り替えていただけますか。
- 一度ご使用になった商品はお取り替えいたしかねます。

NG お取り替えしていただく

要求・依頼 取り替えていただけますか・お取り替えいただけますか

可能 お取り替えできます　不可能 お取り替えできません・お取り替えしかねます・お取り替えいたしかねます

取り組む　〔とりくむ〕

尊 取り組まれる・お取り組みになる・お取り組みなさる

- 遺伝子の研究に取り組まれて何年ですか。
- 田中さんは地球温暖化対策に取り組まれている［取り組んでいらっしゃる］。

NG お取り組みになられる・お取り組みされる

Point 「取り組んでいる」の尊敬表現は「取り組んでいらっしゃる［おられる］」ということもできる。

謙 取り組ませていただく

- 難しい課題を抱えた仕事ですが精一杯取り組ませていただきます。

取り消す　〔とりけす〕

尊 取り消される・お取り消しになる・お取り消しなさる

- 旅行が中止になりホテルの予約を取り消されたそうですね。
- 山田さんは先方との面談の約束をお取り消しになった。

NG お取り消しになられる・お取り消しされる

●どりょくする

謙 **お取り消しする・お取り消しいたす・取り消させていただく**
[相手に] **取り消していただく・お取り消しいただく**

● 二重応募の場合は当選をお取り消しすることになります。
● 申し訳ありませんが面会のお約束を取り消させていただけますか。
● 先ほどの発言を取り消していただけますか。

取り計らう 〔とりはからう〕

尊 **取り計らわれる・お取り計らいになる・お取り計らいなさる・取り計らってくださる・お取り計らいください**

● 部長は部下が希望する部署に移れるようお取り計らいになった。
● この件につきましてはよろしくお取り計らいください。

NG お取り計らいになられる・お取り計らいされる

謙 **お取り計らいする・お取り計らいいたす・お取り計らい申し上げる・取り計らせていただく** [相手に] **取り計らっていただく・お取り計らいいただく**

● ご依頼の件につきましてはなんとかお取り計らいいたします。
● 施設の使用許可が下りるようお取り計らいいただけませんか。

努力する 〔どりょくする〕

尊 **努力される・(ご)努力なさる**

● 田中さんは何事にも人一倍努力なさる方です。

NG ご努力される

謙 **努力させていただく**

● ご期待に添えるよう精一杯努力させていただきます。

重 **努力いたす**

169

●とりよせる

■ ●一日も早く一人前の職人になれるよう努力いたします。

取り寄せる 〔とりよせる〕

尊 取り寄せられる・お取り寄せになる・お取り寄せなさる

● 毎年新米が出ると産地から取り寄せられる［お取り寄せになる］そうですね。

NG お取り寄せになられる・お取り寄せされる

謙 お取り寄せする・お取り寄せいたす・お取り寄せ申し上げる
相手に 取り寄せていただく・お取り寄せいただく

● その商品は今切らしていますが、お取り寄せすることはできます。
● この雑誌の最新号を取り寄せていただけますか。

取る 〔とる〕

尊 取られる・お取りになる・お取りなさる・取ってくださる・お取りくださる

● 商品はどうぞ手にお取りになってお確かめください。
● 先生は帽子をお取りになって出迎えの方に挨拶なさった。
● 一級建築士の資格を取られた［お取りになった］そうですね。
● 部長は会議中熱心にメモを取られた［お取りになった］。
● 朝食はお取りになりましたか。
● 先方はこちらの発言の意図を違った意味にお取りになった。
● どちらの新聞をお取りになっていますか。
● そこの本を取ってくださいますか。
● どうぞお好きなものをお取りください。

NG お取りになられる

要求・依頼 取ってください・お取りください・取ってくださいますか・お取りくださいますか

170

●どれくらい

謙 お取りする・お取りいたす・お取り申し上げる・取らせていただく　相手に 取っていただく・お取りいただく

- 棚のものをお取りしましょうか。
- ケーキはお好きなものをお取りいたします。
- 午後から半休を取らせていただきたいのですが。
- そこのペンを取っていただけますか。
- ただ今5名様の席はお取りいたしかねます。

要求・依頼 取っていただけますか・お取りいただけますか

可能 お取りできます　不可能 お取りできません・お取りいたしかねます

memo ⋯⋯⋯⋯⋯⋯⋯⋯⋯⋯⋯⋯⋯⋯⋯⋯⋯⋯⋯⋯⋯⋯⋯⋯⋯⋯⋯⋯⋯⋯⋯⋯

- 「取る」の敬語は、手に持つ、つかむ、手渡す、獲得する、予約する、記録する、摂取する、解釈する、購読するなどの意で使われる。

撮る　〔とる〕

尊 撮られる・お撮りになる・お撮りなさる・撮ってくださる・お撮りくださる

- 部長は風景をお撮りになるのがお好きなようです。
- 写真を撮ってくださいますか。

NG お撮りになられる

謙 お撮りする・お撮りいたす・撮らせていただく　相手に 撮っていただく・お撮りいただく

- お二人並んでいるところをお撮りしましょうか。
- お庭の花を撮らせていただいてよろしいですか。
- すみません、二人の写真を撮っていただけますか。

どれくらい

改 いかほど・おいくら

●どんな

- ●お代はいかほど［おいくら］ですか。
- ●開店資金としていかほどご入り用ですか。
- ●(店先で) 牛のロースはいかほど差し上げましょう。

memo
- ●「いかほど」はやや古風な言い方で、値段や数量の程度について尋ねるときにいう。値段の場合は「おいくら」ともいう。

どんな

➡どう

【な】

無い 〔ない〕

丁 **ありません・ございません**

- ●今現金の持ち合わせがありません。
- ●この商品の入荷の予定はございません。
- ●わざわざ来ていただく必要はありません［ございません］。
- ●遅れまして申し訳ありません［申し訳ございません］。

内緒 〔ないしょ〕

尊 **ご内密・ご内聞**

- ●このことはなにとぞご内密［ご内聞］にお願いします。

直す 〔なおす〕

尊 **直される・お直しになる・お直しなさる・直してくださる・お直しくださる**

- ●部長は社長室に入る前に鏡を見て曲がったネクタイを直された。

●なおす

- ●先生は子どもたちの言葉遣いを直された。
- ●山田さんは部下の書類に誤字を見つけてお直しになった。
- ●機械の少しぐらいの故障ならご自分で直される（✖お直しされる）そうですね。
- ●私が書いた日本語の文章を先輩が英語に直してくださった。

NG お直しになられる・お直しされる

謙 **お直しする・お直しいたす・お直し申し上げる・直させていただく** 相手に **直していただく・お直しいただく**

- ●サイズの合わないところはお直しいたします。
- ●壊れた時計を直していただけますか。

治す〔なおす〕

尊 **治される・お治しになる・お治しなさる・治療される・治療なさる**

- ●漢方薬を飲んで風邪を治されたそうですね。
- ●あの先生は長年難病の子どもを治療なさってこられた。

NG お治しになられる・お治しされる

謙 **お治しする・お治しいたす・お治し申し上げる** 相手に **治していただく・治療していただく**

- ●このけがは完全にお治しするのは難しいかもしれません。
- ●腰痛がひどくてなんとか治していただけないでしょうか。

重 **治療いたす**

- ●それでは治療いたしますのでこちらにお入りください。

memo
- ●「治す」の代わりに「治療する」ということもできる。

173

●ながす

流す 〔ながす〕

尊 流される・お流しになる・お流しなさる

- ●悲しい知らせに涙を流される。
- ●お父様の新盆で川に灯籠をお流しになった。
- ●山田さんはそのことはもう昔のことと水に流された。

NG お流しになられる

謙 お流しする・お流しいたす・お流し申し上げる

- ●お背中をお流ししましょうか。
- ●披露宴ではお二人のお好きな曲をお流しいたします。

眺める 〔ながめる〕

尊 眺められる・お眺めになる・お眺めなさる

- ●思いがけない再会に相手のお顔をつくづくと眺められた。
- ●お二人は並んで海に沈む夕日をずっと眺めていらっしゃった。

NG お眺めになられる

Point 「眺めている」の尊敬語は「眺めていらっしゃる［おられる］」という。

謙 眺めさせていただく

- ●相場の動向がはっきりしませんので、しばらく様子を眺めさせてい ただいた上でお客様にご連絡いたします。

仲良くする 〔なかよくする〕

尊 仲良くされる・仲良くなさる・仲良くしてくださる

- ●学生時代から仲良くされているお友達はいらっしゃいますか。
- ●ご兄弟が仲良くなさっているのを拝見するとうらやましいです。
- ●これからも仲良くしてください。
- ●お二人は仲が良くていらっしゃいますね。

●なぐさめる

> Point 「仲が良い」の尊敬表現は「仲が良くていらっしゃる」。改まった言い方は「仲がよろしい」という。

謙 **仲良くさせていただく** 相手に **仲良くしていただく**

- お嬢さんとは高校のときから仲良くさせていただいています。
- いつも娘と仲良くしていただいてありがとうございます。

泣く 〔なく〕

尊 **泣かれる・お泣きになる・お泣きなさる・涙を流される・涙をこぼされる**

- チームが優勝したとき監督は思わず泣かれた［涙をこぼされた］そうです。
- 結婚披露宴で花嫁のお父様は感極まってお泣きになった［涙を流された］。

NG お泣きになられる

memo
- 「泣く」の代わりに「涙を流す」「涙をこぼす」という言い方もできる。

慰める 〔なぐさめる〕

尊 **慰められる・お慰めになる・お慰めなさる・慰めてくださる・お慰めくださる**

- 山田さんは失意のご友人を優しくお慰めになった。
- 入試で失敗したとき先生が優しく慰めてくださった。

NG お慰めになられる・お慰めされる

謙 **お慰めする・お慰めいたす・お慰め申し上げる** 相手に **慰めていただく・お慰めいただく**

- この度のご不幸にお慰めする言葉が見つかりません。
- 仕事で失敗したとき先輩に慰めていただいた。

●なくす

亡くす 〔なくす〕

尊 亡くされる・お亡くしになる

- お子さんを病気で亡くされた［お亡くしになった］と伺いました。
- お母様を亡くされてさぞかしお淋しいことでしょう。

NG お亡くしになられる

memo
- 謙譲表現はない。
- 自分から身内が死んだことをいうときは、「子どものころに父を亡くしました」
  のようにいう。⇨**死ぬ**

無くす 〔なくす〕

尊 無くされる・お無くしになる・紛失される・紛失なさる

- どこで財布を無くされた［お無くしになった］のですか。
- 先輩は司法試験に何度も失敗して、すっかり自信を無くされてしま
  ったようです。
- 旅先でパスポートを紛失なさるなんて大変でしたね。

NG お無くしになられる

Point 物については「無くす」の代わりに「紛失する」を使うこともできる。

memo
- 謙譲表現はない。

投げる 〔なげる〕

尊 投げられる・お投げになる

- 知事は始球式で弓なりのボールを投げられた［お投げになった］。
- さすがの名医も難病にさじを投げられた。

NG お投げになられる

謙 投げさせていただく

●なまえ

●県大会の始球式で投げさせていただくことになりました。

納得する 〔なっとくする〕

尊 **納得される・(ご)納得なさる・納得してくださる・ご納得くださる**

●山田さんはご自分が納得なさるまで何度も文章を書き直された。
●こちらの提案に先方はご納得なさいましたか（✘ご納得されましたか）。
●先方はこの件について後日改めてご相談するということで納得してくださった（✘ご納得してくださった）。

NG ご納得される・ご納得してくださる

謙 相手に **納得していただく・ご納得いただく**

●報酬としてこの金額でご納得いただけないでしょうか（✘ご納得していただけないでしょうか）。

NG ご納得していただく

重 **納得いたす**

●その件については詳しい説明を聞いて納得いたしました。
●先方のやり方には納得いたしかねます。

名前 〔なまえ〕

尊 **お名前・ご氏名・(ご)芳名・(ご)尊名・(ご)高名**

●お名前を伺ってもよろしいですか。
●あの方のお名前はよく存じております。
●申込書にご氏名・ご住所をお書きください。
●(結婚披露宴などの受付で)こちらにご芳名をお書きいただけますか。
●ご高名はかねてより伺っております。

memo
●「芳名」「尊名」「高名」はそれ自体で尊敬語だが、「ご」を付けてさらに敬

177

●なやむ

意の高い言い方もする。

悩む 〔なやむ〕

尊 悩まれる・お悩みになる・お悩みなさる

● 何を悩まれて［お悩みになって］いるのですか。
● 山田さんは仕事のことで悩まれているご様子です。
● お悩みになる（✖お悩みになられる）ほどのことではありませんよ。

NG お悩みになられる

memo
● 謙譲表現はない。

習う 〔ならう〕

尊 習われる・お習いになる・お習いなさる

● 小さいころからピアノを習われているのですね。
● 料理はどなたから習われた［お習いになった］のですか。

NG お習いになられる

謙 習わせていただく

● 週1回イギリス人の方にお願いして英会話を習わせていただいています。

Point 自主的に習う場合は、「習わせていただく」ではなく、「習っています」という。

並ぶ 〔ならぶ〕

尊 並ばれる・お並びになる・お並びなさる・並んでくださる・お並びくださる

● コンサートのチケットを買うために並ばれた［お並びになった］そうですね。

178

●にあう

●順番にお並びください。

NG お並びになられる

謙 **並ばせていただく**

●(集合写真撮影で) 田中さんのお隣に並ばせていただいてよろしいですか。

なる

尊 **なられる・おなりになる・なってくださる**

●お子さんは立派になられましたね。
●長年の夢がかなって映画監督になられた [おなりになった] ときはどんなお気持ちでしたか。
●今年で何歳になられますか。
●保証人になってくださいませんか。

NG おなりになられる

謙 [相手に] **なっていただく**

●ダンスのパートナーになっていただけませんか。

似合う 〔にあう〕

尊 **お似合いになる**

●その白いジャケット、お似合いになりますね。
●和服がよくお似合いでいらっしゃいますね [お似合いですね]。

NG お似合いになられる

Point 「似合っている」の尊敬表現は「お似合いでいらっしゃる」「似合っていらっしゃる [おられる]」のほか、「お似合いです」のようにいう。また、「お似合い」は似合っていることの意で、「お二人はお似合いのご夫婦ですね」のようにいう。

●にぎる

握る 〔にぎる〕

尊 握られる・お握りになる

- お二人はしっかり手を握られて再会を喜ばれた。
- 休日はご自分でハンドルを握られてドライブなさるそうですね。
- あの会社の実際の経営権は副社長が握られています。

NG お握りになられる

憎む 〔にくむ〕

尊 憎まれる・憎悪される・憎悪なさる

- ご自分を裏切った人を今でも憎まれているようです。
- 人を人とも思わない連中を憎悪されるのは当然です。

memo
- 「憎悪する」は激しく憎む意。
- 謙譲表現にはなりにくく、代わりに「恨む」を使っていうことができる。⇨ 恨む

逃げる 〔にげる〕

尊 逃げられる・お逃げになる・お逃げなさる

- ここは危険ですから早くお逃げになってください。
- 責任を部下に押しつけてお逃げになるなんて許されることではありません。
- 先輩は仕事に疲れると、ときどき趣味の世界にお逃げになります。

NG お逃げになられる

Point 「お逃げなさる」の命令形「お逃げなさい」は自分と同等以下の人に対する柔らかな命令表現で、目上の人には使えない。

memo
- 謙譲表現は通常使われない。

●ぬく

入金する　〔にゅうきんする〕

尊 入金される・（ご）入金なさる・ご入金になる・入金してくださる・ご入金くださる

- 銀行口座に10万円を入金なさる。
- 月末までにご入金ください。

NG ご入金になられる・ご入金される

謙 ご入金する・ご入金いたす・ご入金申し上げる・入金させていただく　[相手に] 入金していただく・ご入金いただく

- 払戻金はお客様の口座にご入金いたします。
- 月末までにご入金いただけますでしょうか。

入場する　〔にゅうじょうする〕

尊 入場される・（ご）入場なさる・ご入場になる・入場してくださる・ご入場くださる

- 新郎新婦が入場されます［ご入場になります］。
- 展覧会はどなたでも無料でご入場になれます（✕ご入場できます）。
- 選手の方は入場してください。

NG ご入場になられる・ご入場される・ご入場できる

謙 入場させていただく　[相手に] 入場していただく・ご入場いただく

- スタジアムに関係者ということで無料で入場させていただいた。
- 3歳以下のお子様はご入場いただけません。

抜く　〔ぬく〕

尊 抜かれる・お抜きになる・お抜きなさる・抜いてくださる・お抜きくださる

181

●ぬぐ

- ●検診のため朝食を抜かれる［お抜きになる］。
- ●ご主人はワインの栓を抜かれるとお客様のグラスに注がれた。
- ●どうぞ肩の力を抜いてください。

NG お抜きになられる

謙 **お抜きする・お抜きいたす** 相手に **抜いていただく・お抜きいただく**

- ●ワインの栓は私がお抜きしましょう。
- ●お寿司はわさびを抜いていただけますか。

脱ぐ 〔ぬぐ〕

尊 **脱がれる・お脱ぎになる・お脱ぎなさる**

- ●お客様は部屋の中が暖かいので上着を脱がれた［お脱ぎになった］。
- ●靴をお脱ぎになってお上がりください。

NG お脱ぎになられる

謙 **脱がせていただく**

- ●それでは失礼して上着を脱がせていただきます。

塗る 〔ぬる〕

尊 **塗られる・お塗りになる・お塗りなさる**

- ●ご自分で柵にペンキを塗られたのですか。
- ●外出の際は日焼け止めクリームを忘れずにお塗りになる。

NG お塗りになられる

謙 **お塗りする・お塗りいたす・塗らせていただく**

- ●背中にお薬をお塗りしましょうか。
- ●ペンキ塗り楽しそうですね。私にも塗らせていただけますか。

●ねむる

願う　〔ねがう〕

尊 願われる・お願いになる・お願いなさる

- 次期監督はあの方にお願いなさってはいかがでしょう。
- 初詣でで何をお願いなさいましたか（✘お願いされましたか）。
- ご両親は誰よりもあなたの幸せを願っていらっしゃいます。

NG お願いになられる・お願いされる

Point 「願っている」の尊敬表現は、「願っていらっしゃる［おられる］」という。

謙 お願いする・お願いいたす・お願い申し上げる

- アンケートにご協力をお願いします［お願いいたします］。
- ちょっとお手伝いをお願いしてよろしいですか。
- 今後ともどうぞよろしくお願いいたします［お願い申し上げます］。
- 店番をお願いできますか。

Point 人に頼み事をして、その可能性を尋ねるときは「お願いできますか」「お願いできませんか」「お願いできませんでしょうか」のようにいう。

眠る　〔ねむる〕

尊 眠られる・お眠りになる・お眠りなさる・休まれる・お休みになる・お休みなさる

- お疲れのようで床に入るとすぐにお眠りになりました。
- お嬢さんはよくお眠りになっています［眠っていらっしゃいます］。
- 昨夜はよくお休みになれましたか。

NG お眠りになられる・お休みになられる

Point 「眠っている」の尊敬表現は、「眠っていらっしゃる［おられる］」ということもできる。

memo

- 就寝の意では「寝る」「休む」ともいう。　⇨寝る・休む

●ねる

寝る 〔ねる〕

尊 寝られる・休まれる・お休みになる・お休みなさる・床につかれる・床におつきになる

- いつも何時に寝られるのですか［お休みになりますか］。
- 明日の朝早いからと10時前にはお休みになりました［床におつきになりました］。

NG お休みになられる・お休みされる・床におつきになられる

Point 「お休みなさい」は就寝のときの挨拶の言葉。

謙 寝させていただく・休ませていただく・床につかせていただく

- お先に休ませていただきます。

memo
- 「寝る」の代わりに、婉曲表現で「休む」「床につく」ともいう。「床につく」はやや古風な言い方。⇨**休む**

残す 〔のこす〕

尊 残される・お残しになる・お残しなさる

- お体の具合が悪くて食事を残される。
- その作家は亡くなるまでに数々の名作を残された。
- 先代社長はご家族に莫大な財産をお残しになった。

NG お残しになられる

謙 お残しする・残させていただく　　[相手に] 残していただく

- 種は全部まかないで来年用に少し残していただけますか。

乗せる 〔のせる〕

尊 乗せられる・お乗せになる・お乗せなさる・乗せてくださる・お乗せくださる

184

●のぞむ

- 新車にはどなたを最初にお乗せになりましたか。
- 混んだ電車で女の人が子どもを膝の上に乗せてくださった。

NG お乗せになられる・お乗せされる・お乗せしてくださる

謙 **お乗せする・お乗せいたす・お乗せ申し上げる** [相手に] **乗せていただく・お乗せいただく**

- お客様を車にお乗せしてご自宅までお送りしました。
- 駅までお車に乗せていただけませんか。

NG お乗せしていただく

載せる 〔のせる〕

尊 **載せられる・お載せになる・お載せなさる・掲載される・掲載なさる**

- 自転車の荷台に荷物を載せられる〔お載せになる〕。
- 先生は科学雑誌に論文をお載せになった〔掲載なさった〕。

NG お載せになられる

謙 **お載せする・お載せいたす・お載せ申し上げる・載せさせていただく・掲載させていただく**

- お荷物を網棚にお載せしましょうか。
- 名簿にお名前をお載せしてよろしいでしょうか。
- 著者の紹介欄でお写真を掲載させていただけますか。

memo
- 新聞や雑誌などに文章や写真などを載せる意では「掲載する」ともいう。

望む 〔のぞむ〕

尊 **望まれる・お望みになる・お望みなさる・希望される・（ご）希望なさる・ご希望になる**

●のばす

● 市の行政に対して何か望まれることはありますか。
● 田中さんはご自分でお望みになって［希望されて］海外に赴任されたそうです。
● お客様は海側の部屋をご希望になりました。
● 遅延証明書をご希望なさる（✗ご希望される）方は駅員までお申し出ください。

NG お望みになられる・ご希望になられる・お望みされる・ご希望される

Point 名詞の「お望み」「ご希望」を使い、「お望み［ご希望］はございますか」「ご希望のお部屋をお取りできます」のようにいうことができる。

重 希望いたす

● 息子が無事に任務を終えて帰ってきてくれることを希望いたしております。

伸ばす 〔のばす〕

尊 伸ばされる・お伸ばしになる・お伸ばしなさる

● 髪を伸ばされる［お伸ばしになる］おつもりですか。
● いつも背筋をぴんと伸ばされていてお元気そうですね。
● たまには旅行でもなさって羽を伸ばされてはいかがですか。

NG お伸ばしになられる・お伸ばしされる

謙 お伸ばしする・お伸ばしいたす・伸ばさせていただく

● 写真はお望みの大きさにお伸ばしすることができます。

延ばす 〔のばす〕

尊 延ばされる・お延ばしになる・お延ばしなさる・延期される・延期なさる・延長される・延長なさる

● 天気が回復するまで出発を延ばされてはいかがですか。
● お身内にご不幸があって結婚式をお延ばしになった［延期なさった］

●のべる

　そうです。

● 契約期間を1年から3年に延ばされた［延長された］。

● 京都に行かれたついでに奈良まで足を延ばされたそうですね。

NG お延ばしになられる・お延ばしされる

謙 **お延ばしする・お延ばしいたす・延ばさせていただく・延期させていただく・延長させていただく** 相手に **延ばしていただく・延期していただく・延長していただく**

● これ以上締め切りをお延ばしすることはできません。

● 雨天の場合は試合を延期させていただきます。

● 先方に返事を少し延ばしていただきました。

● 契約期間を1年延ばして［延長して］いただけませんか。

重 **延期いたす・延長いたす**

● 公判は来月に延期いたします。

● 閉館時間を午後8時まで延長いたします。

memo ……………………………………………………………………………………

● 「延ばす」の代わりに「延期する」「延長する」を使うこともできる。

述べる　〔のべる〕

尊 **述べられる・お述べになる・お述べなさる**

● 会議で全員がご自分の意見を述べられました。

● 大会委員長は大会に携わった関係者の方々に感謝の言葉をお述べになりました。

NG お述べになられる

謙 **述べさせていただく**

● 私の意見を述べさせていただきます。

●のぼる

重 申し述べる

- その件につきましては私から一言申し述べたいと存じます。

上る・昇る 〔のぼる〕

尊 上られる・お上りになる・お上りなさる・昇られる・お昇りになる・お昇りなさる

- 東京タワーに上られたことはおありですか。
- おじい様は当時最年少で大臣の地位に昇られた方だそうですね。

NG お上りになられる・お昇りになられる

謙 相手に 上っていただく・お上りいただく・昇っていただく・お昇りいただく

- エレベーターが故障中で、申し訳ありませんが3階まで階段を上っていただけますか。

memo

- 「上る」は、下方から上方へ移動する意で、一般的に用いられる表記。高い地位につく意では「昇る」とも書く。

登る 〔のぼる〕

尊 登られる・お登りになる・お登りなさる

- 富士山には何度も登られたそうですね。
- 山には年に何回お登りになりますか。
- 司会者の紹介のあと先生は演壇に登られた。

NG お登りになられる・お登りされる

謙 登らせていただく

- 皆さんがサポートしてくださったお陰で無事富士山に登らせていただくことができました。

●のりかえる

飲む 〔のむ〕

尊 飲まれる・お飲みになる・お飲みなさる・召し上がる・飲んでくださる・お飲みくださる

●ウイスキーはお飲みになりますか［△飲まれますか］。

●熱中症予防にこまめに水をお飲みになってください。

●晩酌はどのくらい召し上がりますか。

●この薬は食後にお飲みください。

NG お飲みになられる

Point 「飲まれる」は飲むことができるという可能の意にも受け取れることがあるので、尊敬の意で使う場合は「お飲みになる」というほうがよい。

謙 いただく・頂戴する

●先輩のお宅でお酒をいただいて［頂戴して］すっかり酔ってしまいました。

重 いただく

●朝はコーヒーをいただくことにしています。

memo

• 「飲む」の尊敬語は「召し上がる」ということもできる。謙譲語は直接「飲む」という代わりに「いただく」「頂戴する」という。

• 「いただく」は謙譲語のほかに、丁重語としても用いられる。

乗り換える 〔のりかえる〕

尊 乗り換えられる・お乗り換えになる・お乗り換えなさる・乗り換えてくださる・お乗り換えください

●京都で山陰線に乗り換えられると舞鶴に向かわれた。

●次の駅で急行にお乗り換えになれます（✗お乗り換えできます）。

●東京方面に行かれる方は次の駅でお乗り換えください（✗お乗り換えしてください）。

●のる

> **NG** お乗り換えになられる・お乗り換えしてくださる・お乗り換えできる

謙 相手に **乗り換えていただく・お乗り換えいただく**

- 鎌倉にいらっしゃるのでしたら次の駅でお乗り換えいただけますか。

乗る 〔のる〕

尊 **乗られる・お乗りになる・お乗りなさる・乗ってくださる・お乗りくださる**

- 若いころはバイクに乗られた［お乗りになった］そうですね。
- こちらが新発売の車です。試しにお乗りになってみませんか。
- 車で駅までお送りしますからどうぞお乗りください。

> **NG** お乗りになられる

謙 **乗らせていただく** 相手に **乗っていただく・お乗りいただく**

- それではお先に乗らせていただきます。
- まもなく出発しますのでバスにお乗りいただけますか。

【は】

配慮する 〔はいりょする〕

尊 **配慮される・（ご）配慮なさる・ご配慮になる・配慮してくださる・ご配慮くださる**

- 人事異動には部下の家庭の事情を配慮されたそうです。
- 高齢のご両親の健康に配慮なさった献立をお考えになる。
- 先ほどの件、よろしくご配慮ください。

> **NG** ご配慮になられる・ご配慮される・ご配慮してくださる

謙 相手に **配慮していただく・ご配慮いただく・ご配慮願う**

- この度は格別にご配慮いただきましてありがとうございました。

●はいる

●勤務シフトにつきましては家庭の事情をご配慮願えないでしょうか。

NG ご配慮していただく

Point 名詞の「ご配慮」を使い、「ご配慮をいただく」「ご配慮を賜る」のようにいうこともできる。

入る 〔はいる〕

尊 入られる・お入りになる・お入りなさる・入ってくださる・お入りくださる

● 先生が喫茶店に入られるのをお見かけしました。

● お風呂にお入りになりますか。

● 大学卒業後すぐに今の会社に入られたそうですね。

● 今度ヨーロッパに行かれるそうですが海外旅行保険にお入りになりましたか。

● 私たちの演劇サークルに入ってくださいませんか。

● どうぞ中にお入りください。

NG お入りになられる

要求・依頼 入ってください・お入りください・入ってくださいますか・入ってくださいませんか・お入りくださいますか

謙 入らせていただく **相手に** 入っていただく・お入りいただく

● 先生の許可をいただいて実験室に入らせていただいた。

● 先輩のお誘いで草野球チームに入らせていただいた。

● 当社の生命保険にお入りいただけませんか。

要求・依頼 入っていただけますか・お入りいただけますか・入っていただけませんか・お入りいただけませんか

memo ⋯⋯

● 「入る」の敬語は、外から中に移動する、組織や団体の一員になる、加入するなどの意で使われる。

● 家の中に入る意では「上がる」を使い、「どうぞお上がりください」「それでは上がらせていただきます」のようにいうこともできる。⇨**上がる**

●はかる

計る 〔はかる〕

尊 計られる・お計りになる・お計りなさる

- コーチは選手たちの100メートル走のタイムを計られた［お計りになった］。
- 寒気がして熱を測られると38度あったそうです。
- 毎年こどもの日にお子さんの身長を測られる［お測りになる］そうですね。
- タイミングを計られて部下に配置転換を告げられた。
- 部長は取引先に便宜を図られた。

NG お計りになられる

謙 お計りする・お計りいたす・計らせていただく

- 荷物の重さをお量りしましょうか。
- サイズを測らせていただいてよろしいですか。

memo
- 「はかる」の漢字表記は一般に、数量や時間を調べる・見はからう意では「計る」、長さ・高さ・深さ・広さなどを調べる意では「測る」、重さ・容積を調べる意では「量る」、意図する・とりはからう意では「図る」と書き分ける。

履く 〔はく〕

尊 履かれる・お履きになる・お履きなさる

- 通勤の時はウォーキングシューズをお履きになるそうですね。
- どうぞスリッパをお履きになってください。

NG お履きになられる

謙 履かせていただく

- 試しにこの靴を履かせていただいてよろしいですか。

●はじめる

運ぶ 〔はこぶ〕

尊 運ばれる・お運びになる・お運びなさる・運んでくださる・お運びくださる

● 重い荷物を一人で運ばれるのは無理ですよ。

● ここは慎重に事を運ばれる［お運びになる］べきかと存じます。

● こんな遠方までお運びくださってありがとうございます。

NG お運びになられる・お運びしてくださる

要求・依頼 運んでください・お運びください・運んでくださいますか・お運びくださいますか

謙 お運びする・お運びいたす・お運び申し上げる・運ばせていただく　相手に 運んでいただく・お運びいただく

● お料理はお客様のお部屋までお運びいたします。

● 荷物は部屋まで運んでいただけますか。

● 遠いところをわざわざお運びいただきまして恐縮しております。

要求・依頼 運んでいただけますか・お運びいただけますか・運んでいただけませんか・お運びいただけませんか

memo

• 「お運びになる」「お運びくださる」「お運びいただく」などの形で、「行く」「来る」の尊敬表現、謙譲表現としても用いられる。⇨**行く・来る**

始める 〔はじめる〕

尊 始められる・お始めになる・お始めなさる・始めてくださる・お始めくださる

● 事業を始められた［お始めになった］きっかけは何ですか。

● 試験官の合図があったら始めてください。

NG お始めになられる

謙 始めさせていただく　相手に 始めていただく・お始めいただく

● はたらく

> ● そろそろ会議を始めさせていただいてよろしいでしょうか。
> ● そちらに行くのが遅れますので先にお食事を始めていただけますか。

働く 〔はたらく〕

尊 働かれる・お働きになる・お働きなさる

- ● 夜遅くまで働かれてお疲れでしょう。
- ● 皆さんが働かれている［働いていらっしゃる］ところを取材させてください。
- ● あの方は勘がよくお働きになる。

NG お働きになられる

Point 「働いている」の尊敬表現は「働いていらっしゃる［おられる］」ということもできる。

謙 働かせていただく

- ● 友人の紹介でここで働かせていただいています。
- ● こちらで働かせていただけませんか。

話す 〔はなす〕

尊 話される・お話しになる・お話しなさる・話してくださる・お話しくださる

- ● 就職のことでご両親と話されましたか［お話しなさいましたか］。
- ● 田中さんは英語をネイティブのように話される［お話しになる］。
- ● 海外旅行で経験なさったことをお話しくださいますか（✖お話ししてくださいますか）。

NG お話しになられる・お話しされる・お話ししてくださる

要求・依頼 話してください・お話しください・話してくださいますか・お話しくださいますか

謙 お話しする・お話しいたす・お話し申し上げる・話させていただ

●はらう

く 相手に 話していただく・お話しいただく

- ●用件だけかいつまんでお話しします。
- ●私からお話しすることは何もありません。
- ●事の経緯をお話しいたします。
- ●ご存じのことをお話しいただけませんか（✕お話ししていただけませんか）。
- ●詳しいことはお話しいたしかねます。

NG お話ししていただく

要求・依頼 話していただけますか・お話しいただけますか・話していただけませんか・お話しいただけませんか

可能 お話しできます　不可能 お話しできません・お話しいたしかねます

memo ....
● 「しゃべる」はくだけた言い方で、特に、口数多くぺらぺらと話す意味合いがあるので、通常敬語表現は使わない。

は

省く 〔はぶく〕

尊 省かれる・お省きになる・お省きなさる・省略される・省略なさる

- ●部長はその件について詳しい説明を省かれた［省略された］。

謙 省かせていただく・省略させていただく

- ●詳細は省かせていただきます（✕省かさせていただきます）。

NG 省かさせていただく

memo ....
● 「省く」の代わりに「省略する」ということもできる。

払う 〔はらう〕

尊 払われる・お払いになる・お払いなさる

195

●はんたいする

- ●お買い物はカードで払われますか［お払いになりますか］。
- ●その方は洋服に付いたごみを手でささっと払われた。
- ●課長は何事にも細心の注意を払われる方です。

NG お払いになられる・お支払いされる

謙 お払いする・お払いいたす・お払い申し上げる・払わせていただく

- ●家賃は月末にお払いします。
- ●いつもごちそうになるばかりなので今日は私が払わせていただきます。

memo
- 金銭については「支払う」ともいう。⇨**支払う**

反対する 〔はんたいする〕

尊 反対される・反対なさる

- ●彼女の結婚にご両親は反対なさっているそうです。
- ●この計画に専務が反対される［反対なさる］理由をお聞かせください。

謙 反対申し上げる・反対させていただく

- ●町民の方々との話し合いの結果、隣町との合併案は反対させていただきます。

重 反対いたす

- ●その計画には断固反対いたします。

判断する 〔はんだんする〕

尊 判断される・（ご）判断なさる・ご判断になる・判断してくださる・ご判断くださる

●ひかえる

- ●社長がご判断なさったことには従うしかありません。
- ●雨天の場合、大会を中止するか延期するかご判断ください（✕ご判断してください）。

NG ご判断になられる・ご判断される・ご判断してください

謙 ご判断する・ご判断いたす・ご判断申し上げる・判断させていただく　[相手に] 判断していただく・ご判断いただく

- ●ケースバイケースで判断させていただきます。
- ●この件の対処が適切であったかどうかご判断いただけますか（✕ご判断していただけますか）。

NG ご判断していただく

重 判断いたす

- ●株価の推移から判断いたしますと景気の回復はまだ先のようです。
- ●事の真偽は判断いたしかねます。

控える　〔ひかえる〕

尊 控えられる・お控えになる・お控えなさる・控えてくださる・お控えくださる

- ●お酒は少し控えられたほうがよろしいですよ。
- ●お客様との打ち合わせの時間を手帳に控えられた［お控えになった］。
- ●不要な発言は控えてください。

NG お控えになられる

謙 控えさせていただく　[相手に] 控えていただく・お控えいただく

- ●ご家族だけのご葬儀ということなので参列は控えさせていただきました。
- ●館内での喫煙は控えていただけますか［ご遠慮いただけますか］。

●ひきうける

memo
● 行動を抑える意では「遠慮する」ということもできる。⇨**遠慮する**

引き受ける　〔ひきうける〕

(尊) **引き受けられる・お引き受けになる・お引き受けなさる・引き受けてくださる・お引き受けくださる**

- ●頼まれて留学生の身元を引き受けられる［お引き受けになる］。
- ●面倒な仕事を快くお引き受けになる（✗お引き受けになられる）。
- ●忘年会の幹事を引き受けてくださいませんか。

(NG) お引き受けになられる・お引き受けされる・お引き受けしてくださる

(要求・依頼) 引き受けてくださいますか・お引き受けくださいますか・引き受けてくださいませんか・お引き受けくださいませんか

(謙) **お引き受けする・お引き受けいたす・お引き受け申し上げる・引き受けさせていただく** (相手に) **引き受けていただく・お引き受けいただく**

- ●喜んで仲人（なこうど）をお引き受けします。
- ●急ぎの仕事はお引き受けいたしかねます。
- ●次期監督をお引き受けいただけませんか。

(NG) お引き受けしていただく

(要求・依頼) 引き受けていただけますか・お引き受けいただけますか・引き受けていただけませんか・お引き受けいただけませんか

引き取る　〔ひきとる〕

(尊) **引き取られる・お引き取りになる・お引き取りなさる・引き取ってくださる・お引き取りくださる**

- ●亡くなったお兄さんのお子さんをお引き取りになったそうですね。
- ●お預かりした荷物ですが明日までに引き取ってくださいますか。
- ●どうぞ今日のところはお引き取りください。

●ひく

NG お引き取りになられる・お引き取りされる

要求・依頼 引き取ってください・お引き取りください・引き取ってくださいますか・お引き取りくださいますか

謙 お引き取りする・お引き取りいたす・お引き取り申し上げる・引き取らせていただく　相手に 引き取っていただく・お引き取りいただく・お引き取り願う

● 新しく家具を買われて不要になった家具はお引き取りいたします。
● 不良品は責任を持って引き取らせていただきます。
● 一度ご使用になったものはお引き取りできません［いたしかねます］。
● ここはひとまずお引き取りいただけますか［お引き取り願えますか］。

要求・依頼 引き取っていただけますか・お引き取りいただけますか・お引き取り願えますか

可能 お引き取りできます　不可能 お引き取りできません・お引き取りしかねます・お引き取りいたしかねます

memo
● 「引き取る」の敬語は人や物を引き受けて自分の手元に置く意のほか、その場から立ち去る、の意で、特に相手に帰るよう促すときに使われる。⇨**帰る**

引く 〔ひく〕

尊 引かれる・お引きになる・お引きなさる

● 先日お子さんの手を引かれて散歩なさっているところをお見かけしました。
● あの方は芸術家の血筋を引かれている［引いていらっしゃる］。
● 分からないことがあるとすぐに辞書をお引きになる。
● 雨に濡れて風邪を引かれる［お引きになる］。

NG お引きになられる

Point 「引いている」の尊敬表現は「引いていらっしゃる［おられる］」。

謙 お引きする・お引きいたす・お引き申し上げる・引かせていただく

●びっくりする

- 定価から10パーセントお引きします［お引きいたします］。
- その件から手を引かせていただきます。

NG 引かさせていただく

びっくりする

→驚く

引っ越す　〔ひっこす〕

尊 引っ越される・お引っ越しになる・お引っ越しなさる・転居される・転居なさる・移転なさる・移転される

- お隣は先月引っ越されましたよ。
- どちらにお引っ越しなさるのですか。
- 事務所を移転なさるそうですね。

NG お引っ越しになられる・お引っ越しされる

重 引っ越しいたす・転居いたす・移転いたす

- この度下記の住所に転居いたしました。
- 当店舗は来月初めに駅前ビルに移転いたします。

memo
- 「転居する」は「引っ越す」より改まった言い方。
- 会社や事務所などの場合は「移転する」ということが多い。

人　〔ひと〕

尊 お人・方（かた）・お方

- あんなに優しいお人はどこにもいませんよ。
- お留守中、山田さんとおっしゃる方からお電話がありました。
- あちらのお方はお知り合いですか。

●ひらく

Point 複数形の「人々」の尊敬語は「方々」で、「こちらはコーラスグルー
プの方々です」のようにいう。

重 者（もの）

● 家の者は今留守にしております。
● 係の者を呼んで参りますので、少々お待ちください。

Point 「者」は用例のように相手に身内の人や自分側の人をいう場合は丁重
で控え目な言い方になるが、それ以外の場合は見下した言い方になること
が多いので注意が必要。

一人 〔ひとり〕

尊 お一人・お一人様・お一方（ひとかた）・（ご）一名様

● お一人でご旅行ですか。
● お泊まりはお一人様でしょうか。
● あとからもうお一方いらっしゃるそうです。
● ご一名様ですね。お席にご案内いたします。

開く 〔ひらく〕

尊 開かれる・お開きになる・お開きなさる・開いてくださる・お開き くださる

● クラス会を開かれる予定はおありですか。
● 独身者のための料理教室を開かれる［お開きになる］そうですね。
● 資料の3ページをお開きください。

NG お開きになられる

謙 開かせていただく ［相手に］開いていただく・お開きいただく

● 公民館の一室をお借りして慈善バザーを開かせていただくことにな
りました。
● 資料の3ページを開いていただけますか。

●ひろげる

広げる　〔ひろげる〕

尊 広げられる・お広げになる・お広げなさる

- 手料理をテーブルいっぱいに広げられてお客様をもてなされた。
- 二代目社長は販路を全国に広げられた［お広げになった］。

  NG お広げになられる

謙 広げさせていただく

- ここで荷物を広げさせていただいてよろしいですか。

広める　〔ひろめる〕

尊 広められる・お広めになる・お広めなさる

- 若いころ全国各地を旅行して見聞を広められた。
- インドのヨガを日本に広められた［お広めになった］方をご存じですか。

  NG お広めになられる

memo

- 謙譲表現は通常使われない。

深める　〔ふかめる〕

尊 深められる

- ひと晩語り明かしてお二人はお互いに友情を深められた。
- 田中さんは今回のプロジェクトの成功で一層自信を深められたようです。

謙 深めさせていただく

- さまざまな国の人と交流することで異文化に対する理解を深めさせていただいた。

●ふむ

服 〔ふく〕

尊 お洋服・お召し物・お着物

- 白いお洋服がお似合いですね。
- すてきなお召し物ですね。
- お着物でどちらにお出かけですか。

美 お洋服・お着物

- これからデパートにお洋服を買いに行きます。
- このごろはお着物を着る機会が少なくなりました。

memo
- 「お召し物」は洋服と和服のどちらにもいうが、「お着物」は和服をいうことが多い。

伏せる 〔ふせる〕

尊 伏せられる・お伏せになる・お伏せなさる

- 読みかけの本を机の上に伏せられるとちょっと席を立たれた。
- ご家族はご本人には病名を伏せられた［お伏せになった］。

  NG お伏せになられる

謙 お伏せする・お伏せいたす・伏せさせていただく

- 被害者の氏名は伏せさせていただきます。

踏む 〔ふむ〕

尊 踏まれる・お踏みになる・お踏みなさる

- あの方は若くして異国の地を踏まれた。
- 正式な手続きを踏まれましたか［お踏みになりましたか］。
- 初舞台を踏まれた［お踏みになった］のはおいくつでしたか。

  NG お踏みになられる

203

●ふやす

謙 **踏ませていただく**

● それでは正式な手続きを踏ませていただきます。

増やす 〔ふやす〕

尊 **増やされる・お増やしになる・お増やしなさる**

● 先輩が開かれた塾は評判がよく、順調に生徒数を増やされた。

● どうやってご家族と過ごす時間を増やされますか。

● あの方は株で資産を殖やされたそうです。

NG お増やしになられる

謙 相手に **増やしていただく**

● 警備の人数を増やしていただけますか。

memo

● 数量については「増やす」、財産や家畜などについては「殖やす」と書き分けることが多い。

振る舞う 〔ふるまう〕

尊 **振る舞われる・お振る舞いになる・お振る舞いなさる・振る舞ってくださる**

● あの方はどんなときでも明るく振る舞われる。

● お客様に手料理を振る舞われた［お振る舞いになった］。

● 部長のお宅に伺うと高級なワインを振る舞ってくださった。

NG お振る舞いになられる

Point 行為・行動の意で、名詞の「お振る舞い」を使い、「そのようなお振る舞いはなさらないでください」のようにいうことができる。

謙 **振る舞わせていただく** 相手に **振る舞っていただく**

● 部長のお宅でとっておきのワインを振る舞っていただきました。

●へんこうする

memo ⋯⋯⋯⋯⋯⋯⋯⋯⋯⋯⋯⋯⋯⋯⋯⋯⋯⋯⋯⋯⋯⋯⋯⋯⋯⋯⋯⋯⋯
● 「振る舞う」は、行動する、ごちそうする、の意。

触れる 〔ふれる〕

尊 触れられる・お触れになる・お触れなさる

● 館内の作品にはお触れにならないでください。

● 会合でその話題にはどなたもお触れにならなかった。

NG お触れになられる

謙 触れさせていただく 相手に 触れていただく

● その件につきましては後ほどまた触れさせていただきます。

● 過去のことには触れていただきたくありません。

勉強する 〔べんきょうする〕

尊 勉強される・勉強なさる

● 息子さんは夜遅くまで勉強されているようですね。

● 通訳の資格を取るために毎日どれくらい英語を勉強なさいましたか。

● 田中さんは海外事情についてよく勉強されている［なさっている］。

謙 勉強させていただく

● 先輩のやり方を見ていつも勉強させていただいています。

● 現金でのお買い上げでしたら勉強させていただきますよ。

memo ⋯⋯⋯⋯⋯⋯⋯⋯⋯⋯⋯⋯⋯⋯⋯⋯⋯⋯⋯⋯⋯⋯⋯⋯⋯⋯⋯⋯⋯
● 「勉強する」は、学ぶ意のほかに、値引きする意でも使われる。

変更する 〔へんこうする〕

尊 変更される・(ご)変更なさる・ご変更になる

● 山田さんは仕事の都合で旅行のスケジュールを変更された。

は

205

●へんじする

●ネット通販の登録パスワードを変更なさる。

NG ご変更になられる・ご変更される

謙 **変更させていただく**　相手に **変更していただく**

●会議を月曜から火曜に変更させていただきます。
●予約した飛行機の便を変更していただけますか。

返事する 〔へんじする〕

尊 **返事される・返事なさる・お[ご]返事なさる**

●その方はお名前を呼ばれると返事なさって受付のほうに行かれた。
●先方からの申し出にもうご返事なさいましたか。

NG お[ご]返事される

謙 **お[ご]返事する・お[ご]返事いたす・お[ご]返事申し上げる**

●お返事するのが遅れまして申し訳ございません。
●その件につきましては後ほどご返事［ご返答］いたします。

memo
● 相手の問いや頼みについては「返答する」ということもできる。

報告する 〔ほうこくする〕

尊 **報告される・(ご)報告なさる・ご報告になる**

●先方との交渉のやりとりを上司に逐一報告なさる。

NG ご報告になられる・ご報告される

謙 **ご報告する・ご報告いたす・ご報告申し上げる・報告させていただく**

●調査結果をご報告いたします。
●今年上半期の経常利益を報告させていただきます。

●ほめる

訪問する 〔ほうもんする〕

尊 訪問される・(ご)訪問なさる・ご訪問になる

- 知事は介護現場の視察のために老人ホームを訪問された。
- 社長は来月タイの工場をご訪問になるご予定です。

NG ご訪問になられる・ご訪問される

謙 ご訪問する・ご訪問いたす・訪問させていただく・伺う・お伺いする・お伺いいたす

- 今度の日曜日にご自宅に伺ってもよろしいですか。
- こちらにお伺いしたのは20年ぶりのことです。
- ご都合のよろしい日に訪問させていただきます。

Point 「ご訪問する」「ご訪問いたす」はいかにも堅苦しい言い方なので、「伺う」というほうが柔らかい表現になる。また、「お伺いする」「お伺いいたす」は二重敬語だが、「伺う」よりさらに敬意を高めた表現として慣用的に使われている。

memo
- 「訪問する」は仕事や外交など公的な場合に使われることが多く、一般的には「訪ねる」が使われる。⇨**訪ねる**

褒める 〔ほめる〕

尊 褒められる・お褒めになる・お褒めなさる・褒めてくださる・お褒めくださる

- 部下のプレゼンテーションをお褒めになる。
- 部長が今度の企画案を褒めてくださった。

NG お褒めになられる

Point 「褒められる」は受け身の意で使われることが多いので、紛らわしいときは「お褒めになる」というほうがよい。

謙 相手に 褒めていただく・お褒めいただく・お褒めにあずかる

207

●まかせる

- 上司に仕事ぶりを褒めていただいたときはとてもうれしかった。
- 「すばらしい作品ですね」「お褒めにあずかり光栄です」

【ま】

任せる　〔まかせる〕

尊 任せられる・お任せになる・お任せなさる・任せてくださる・お任せください

- お店は息子さんに任せられて少しのんびりされてはいかがですか。
- 部長はプロジェクトの責任者という大役を若手社員にお任せになった（**✗**お任せになられた）。
- そのことでしたら私にお任せください。

NG お任せになられる・お任せされる・お任せしてくださる

Point 「任せられる」は受け身や可能の意もあるので、紛らわしい場合は「お任せになる」というほうがよい。

謙 お任せする・お任せいたす・お任せ申し上げる　[相手に] 任せていただく・お任せいただく

- ご想像にお任せします。
- 最終判断は皆様にお任せいたします。
- 先方との交渉は私に任せていただけますか。

NG お任せしていただく

待たせる　〔またせる〕

謙 お待たせする・お待たせいたす・お待たせ申し上げる・待たせていただく

- お待たせしてすみません。
- 長らくお待たせいたしました。まもなく開演いたします。
- 担当の方がお戻りになるまでここで待たせていただきます。

208

●まつ

memo ··

● 尊敬表現は通常使われない。

間違える 〔まちがえる〕

尊 **間違えられる・お間違えになる・お間違えなさる**

● その人を店員と間違えられて［お間違えになって］値段を聞かれた。

● 先生はうっかり降りる駅をお間違えになった。

● お帰りの際は靴をお間違えなさいませんようにお気をつけください。

NG お間違えになられる・お間違えされる

Point 「間違えられる」は受け身の意もあるので、紛らわしいときは「お間違えになる」というほうがよい。

memo ··

● 謙譲表現はない。

待つ 〔まつ〕

尊 **待たれる・お待ちになる・お待ちなさる・待ってくださる・お待ちくださる**

● お連れ様がロビーでお待ちになっていらっしゃいます［待っていらっしゃいます・お待ちです］。

● お返事は明日まで待ってくださいますか。

● 開演までしばらくお待ちください。

NG お待ちになられる・お待ちされる・お待ちしてください

要求・依頼 待ってください・お待ちください・待ってくださいますか・お待ちくださいますか

Point 1例目の「お待ちになっていらっしゃいます」は、「待っていらっしゃいます」、また、丁寧語の「です」を使って「お待ちです」ということもできる。

謙 **お待ちする・お待ちいたす・お待ち申し上げる** **相手に** 待ってい

209

●まとめる

ただく・お待ちいただく・お待ち願う

●お返事をお待ちしています。

●またのお越しをお待ちいたしております。

●納期を少し待っていただけますか。

●すぐに係の者が参りますので、こちらでお待ちいただけますか。

NG お待ちしていただく

要求・依頼 待っていただけますか・お待ちいただけますか・お待ち願えますか

まとめる

尊 **まとめられる・おまとめになる・おまとめなさる**

●お客様はホテルを出る際に荷物を一つにまとめられた。

●先生はこれまでの研究を論文にまとめられ、学会誌で発表なさった。

●部長は部内の意見をおまとめになった。

NG おまとめになられる

謙 **おまとめする・おまとめいたす・おまとめ申し上げる・まとめさせていただく** 相手に **まとめていただく・おまとめいただく**

●それでは皆様のご意見をまとめさせていただきます。

学ぶ 〔まなぶ〕

尊 **学ばれる**

●英会話はどちらで学ばれましたか。

謙 **学ばせていただく**

●こちらに在任中、多くのことを学ばせていただきました（✕学ばさせていただきました）。

NG 学ばさせていただく

●まもる

memo ································

- 「学ぶ」は学習する、勉強する意のほか、経験する意でも使われる。⇨**勉強する**

招く [まねく]

尊 招かれる・お招きになる・お招きなさる・招待される・（ご）招待なさる・ご招待になる・招いてくださる・お招きくださる・招待してくださる・ご招待くださる

- 誕生日には親しい人を招かれてお祝いなさるそうですね。
- 取引先の方が観劇に招待してくださった（**✕**ご招待してくださった）。

NG お招きになられる・ご招待になられる・お招きされる・ご招待される・ご招待してくださる

謙 お招きする・お招きいたす・お招き申し上げる・ご招待する・ご招待いたす・ご招待申し上げる　**相手に** お招きいただく・ご招待いただく・お招きにあずかる

- 今日の討論会には専門家の先生をお招きいたしております。
- 本日はお招きにあずかりましてありがとうございます。

NG ご招待していただく

memo ································

- 「招く」の代わりに「招待する」ということもできる。

守る [まもる]

尊 守られる・お守りになる・お守りなさる

- 田中さんは約束は絶対守られる方です。
- このあたりの方は昔ながらの暮らしを守られています。
- 災害時にはご自分の体はご自分でお守りになることが重要です。

NG お守りになられる・お守りされる

211

●みおくる

謙 **お守りする・お守りいたす・お守り申し上げる**

- 何があってもあなたのことは私がお守りします。
- 犯罪から皆さんをお守りするのが我々警察官の役目です。

見送る 〔みおくる〕

尊 **見送られる・お見送りになる・お見送りなさる・見送ってくださる・お見送りくださる**

- お客様を駅までお見送りになる（✗お見送りになられる）。
- 商談を終えて帰国するとき取引先の方が空港まで見送ってくださった。
- 山田さんは健康上の理由から市長選挙への立候補を見送られた。

NG お見送りになられる・お見送りされる・お見送りしてくださる

謙 **お見送りする・お見送りいたす・お見送り申し上げる・見送らせていただく** 相手に **見送っていただく・お見送りいただく**

- 東京駅までお見送りします。
- 今回の件は見送らせていただきます。

NG お見送りしていただく

memo
- 人を送る意のほかに、実行を控える、見合わせる、の意でも使われる。

見かける 〔みかける〕

尊 **見かけられる・お見かけになる・お見かけなさる**

- この近くで白いコートを着た人をお見かけになりませんでしたか。

NG お見かけになられる・お見かけされる

謙 **お見かけする・お見かけいたす・お見受けする・お見受けいたす**

●みせる

- 先日駅前でお見かけしましたが、お急ぎのようでしたのでお声はかけませんでした。
- この辺ではあまりお見受けしないお顔ですね。

Point 謙譲語では「見受ける」ということもできる。

店 〔みせ〕

尊 お店・貴店

- こちらにお店をもたれて何年ですか。
- 貴店のますますのご繁盛をお祈り申し上げます。

謙 弊店・小店

- 弊店ではどこよりも品数を多く取り揃えております。

重 当店

- 当店のパンは有機小麦粉を使っております。

美 お店

- お店で買い物をする。
- いつか自分のお店を持ちたい。

見せる 〔みせる〕

尊 見せられる・お見せになる・お見せなさる・見せてくださる・お見せくださる

- ご自慢の骨董の壺をお客様にお見せになった（✗お見せになられた）。
- あの方は最近顔をお見せになりませんね。
- すてきなバッグですね。ちょっと見せてください。
- 再入場されるときはチケットの半券をお見せください。

NG お見せになられる・お見せされる・お見せしてくださる

●みちびく

謙 **お見せする・お見せいたす・お見せ申し上げる・お目にかける・ご覧に入れる** 相手に **見せていただく・お見せいただく**

● とっておきの物をお見せしましょう。
● あなたにお目にかけたい［ご覧に入れたい］ものがあります。
● 別の物を見せていただけますか。

Point 「お目にかける」「ご覧に入れる」と言い換えたほうがより丁寧で敬意が高い。

導く〔みちびく〕

尊 **導かれる・お導きになる・お導きなさる・導いてくださる・お導きくださる**

● 監督は弱小チームを常勝チームへと導かれた［お導きになった］。
● 先生は私を絵の道に導いてくださった恩人です。

NG お導きになられる・お導きされる

memo
● 「導く」は先に立って案内する、指導する、ある方向にしむける、の意。敬意の方向が上から下なので、謙譲表現はなじまない。

見つける〔みつける〕

尊 **見つけられる・お見つけになる**

● 骨董市で掘り出し物を見つけられるのがご趣味と伺いました。
● 田中さんは人込みの中に友人を見つけられると手を振られた。
● 新種の蝶を見つけられた［お見つけになった］そうですね。

NG お見つけになられる

謙 相手に **見つけていただく**

● なくした財布を見つけていただいてありがとうございました。

●みな

認める 〔みとめる〕

(尊) 認められる・お認めになる・お認めなさる・認めてくださる・お認めくださる

● 娘さんのご結婚をお認めになってはいかがですか。
● 先生は彼女のピアニストとしての才能をお認めになった。
● 師匠がプロの料理人として認めてくださった。

NG お認めになられる・お認めされる

(謙) お認めする・お認めいたす・お認め申し上げる・認めさせていただく 相手に 認めていただく・お認めいただく

● 提出後の書類の訂正はお認めすることはできません。
● 今回だけこのやり方を例外として認めていただけませんか。
● 一人前の社会人として認めていただけるよう頑張ります。

memo ....

● 「認める」の敬語は、認識する、肯定する、許す、評価する、などの意で使われる。

皆 〔みな〕

(尊) 皆さん・皆様・皆様方・各位・諸氏(しょし)・諸賢(しょけん)・ご一同(様)・ご一行(様)(いっこう)

● 皆さんによいお知らせがあります。
● 皆様の旅の安全をお祈りいたします。
● ご家族の皆様方によろしくお伝えください。
● 関係者各位
● 先輩諸氏に助言を仰ぐ。
● ご一行様がお着きになりました。

(謙) 私(わたくし)ども・手前(てまえ)ども

● その件は私どもにお任せいただけますか。

●みならう

●手前どもではその商品は扱っておりません。

memo ⋯⋯⋯⋯⋯⋯⋯⋯⋯⋯⋯⋯⋯⋯⋯⋯⋯⋯⋯⋯⋯⋯⋯⋯⋯⋯⋯⋯⋯⋯⋯⋯⋯⋯⋯⋯⋯⋯

- 「皆さん」は「皆様」より敬意は軽く、くだけた言い方。
- 「皆様方」の「方」は複数の人を敬意を持って表す語。
- 「各位」は多くの人の一人ひとりを高めていう語で、「関係者各位」「会員各位」などの形で書面や改まった席上で使われる。「各位」は敬語なので、「お客様各位」とすると二重に敬語を使うことになるが、許容される傾向にある。
- 「諸氏」は多くの人々に対する敬称。「諸賢」は多くの人々を敬意を込めていう語。
- 「ご一同様」はそこにいるすべての皆様の意で、「ご一同」ともいう。また、「一同」は身内の者、皆の意で、「従業員一同、皆様のまたのお越しをお待ち申し上げます」のように、控えめな言い方としても使われる。
- 「ご一行様」は一緒に連れ立っている仲間の皆様の意で、「ご一行」ともいう。

見習う 〔みならう〕

尊 見習われる

●課長は健康のために駅から歩いておられるそうですよ。先輩も見習われてはいかがですか。

Point 「見習う」は人のすることを見てまねをする、手本にする意なので、本来尊敬表現はなじまない。この用例のように目上でも自分に近い人にいうことはできても、上司に対して「部長も見習われてはいかがですか」といえば失礼になる。

謙 見習わせていただく

●先輩の謙虚な態度を見習わせていただきます。

身につける 〔みにつける〕

尊 身につけられる・お召しになる

●部長は若いころ海外留学で語学と幅広い教養を身に付けられた。
●奥様は最新流行の服を身に着けられて［お召しになって］パーティーにお出かけになった。

●みる

> **NG** お召しになられる

memo ·····

- 知識や技術などを体に覚え込む意では「身に付ける」、着る意では「身に着ける」と書き分ける。
- 着る意では「お召しになる」と言い換えることができる。⇨**着る**
- 謙譲表現はない。

見舞う 〔みまう〕

尊 見舞われる・お見舞いになる・お見舞いなさる

- 入院中の部下をお見舞いになった（**✕**お見舞いになられた）。

> **NG** お見舞いになられる・お見舞いされる

謙 お見舞いする・お見舞いいたす・お見舞い申し上げる

- 先日けがで入院された先輩をお見舞いしました。
- 災害で甚大な被害を受けられたとのこと、心からお見舞い申し上げます。
- 暑中お見舞い申し上げます。

> **Point** 「見舞いに行く」の謙譲表現は「お見舞いに伺う」という。

見る 〔みる〕

尊 見られる・見てくださる・ご覧になる・ご覧くださる・（ご）高覧・（ご）清覧

- 今話題の映画はもう見られましたか［ご覧になりましたか］。
- ただ今の時間はイルカショーをご覧になれます。
- お手元の資料をご覧ください。
- ご高覧［ご清覧］のほど、よろしくお願いいたします。

> **NG** ご覧になられる

> **Point**

- 「見られる」は可能や受け身の意もあるので、はっきり尊敬の意を表し

217

●みんな

たいときは「ご覧になる」という。

- 「高覧」「清覧」は見ることの尊敬語で、手紙文などで使われる。

謙 見させていただく・拝見する・拝見いたす・拝観する・拝観いたす　**相手に** 見ていただく・ご笑覧

- すばらしいものを見させていただきました。
- お手紙を拝見いたしました。
- 国宝の仏像を拝観して美しさに感動しました。
- 拙著をお送りいたしますので、ご笑覧いただければ幸いです。

Point

- 「拝観する」は神社・仏閣、仏像・宝物などを見る意の謙譲語。
- 「笑覧」は自分のものを人に見てもらうときに、つまらないものですが笑いながら見てくださいの意で使う。

みんな

➡皆

迎える　〔むかえる〕

尊 迎えられる・お迎えになる・お迎えなさる

- 玄関でお客様をお迎えになる［お出迎えになる］。
- 先生は今年で還暦を迎えられる［お迎えになる］そうです。

NG お迎えになられる・お迎えされる

謙 お迎えする・お迎えいたす・お迎え申し上げる

- お客様をお迎えする用意はできています。
- 本日のゲストに教育の専門家の方をお迎えいたしました。

memo

- 出ていって迎える意では「出迎える」ということもできる。
- 迎えに行く、意の謙譲表現は「（駅まで）お迎えに参ります」のようにいう。

218

●むすぶ

向く 〔むく〕

尊 向かれる・お向きになる・お向きなさる

- 誰かに呼び止められた気がして後ろを向かれた。
- 足音がしてドアのほうをお向きになった。

NG お向きになられる

向ける 〔むける〕

尊 向けられる・お向けになる・お向けなさる

- 遠くのほうに視線を向けられる［お向けになる］。
- 下町がお好きで休日には浅草方面に足を向けられることもあるそうですね。
- 緊急の用件で先方に使いの者を向けられた。

NG お向けになられる

memo
- 謙譲表現は通常使われない。

ま

結ぶ 〔むすぶ〕

尊 結ばれる・お結びになる

- 走る前に靴紐をしっかりと結ばれた。
- おみくじを境内の木の枝に結ばれた。
- お二人は長年にわたり親友として揺るぎない関係を結ばれてきたそうですね。
- 受賞された方々は感謝の言葉でスピーチを結ばれた。

謙 結ばせていただく

- 貴社と契約を結ばせていただきます。

NG 結ばさせていただく

219

●めいじる

命じる　〔めいじる〕

尊 命じられる・お命じになる・お命じなさる

- すぐに情報を収集するように部下に命じられた［お命じになった］。
- 裁判長は被告人に退廷をお命じになった（✖お命じになられた）。

NG お命じになられる

memo ·······

- 「命じる」は上から下への行為なので、謙譲表現はない。

迷惑する　〔めいわくする〕

尊 迷惑される・ご迷惑なさる

- 勧誘電話が多くて迷惑されているそうですね。

重 迷惑いたす

- 家の前に違法駐車されて迷惑いたしております。

memo ·······

- 「迷惑する」の直接の謙譲表現はなく、「ご迷惑をおかけする」の形で、「ご迷惑をおかけして申し訳ありません」のようにいうことができる。

面倒をみる　〔めんどうをみる〕

尊 面倒をみられる・世話をされる・世話をなさる

- 後輩の面倒をよくみられていますね。
- 休日はお子さんの面倒をみられる［世話をなさる］そうですね。

謙 面倒をみさせていただく・お世話をさせていただく

- ４月から町内会のお世話をさせていただくことになりました。

memo ·······

- 「面倒をみる」は手がかかる、厄介なものや人に対して使われることが多く、

●もうしつける

そうした意味合いがない場合は「世話をする」に言い換えることができる。

申し込む 〔もうしこむ〕

尊 申し込まれる・お申し込みになる・お申し込みなさる・お申し込みくださる

- 先輩は2年近く交際されたあとその方に結婚を申し込まれたそうです。
- ご夫婦で北欧を巡るツアーにお申し込みなさった（✕お申し込みされた）。
- 経営セミナーの参加はまだお申し込みになれます（✕お申し込みできます）。
- フリーマーケット出店ご希望の方はメールあるいはお電話でお申し込みください。

  NG お申し込みになられる・お申し込みされる・お申し込みできる

謙 申し込ませていただく 相手に **申し込んでいただく・お申し込みいただく**

- 練習試合を申し込ませていただきたいのですがいかがでしょうか。
- セミナー参加ご希望の方はメールまたは直接お電話でお申し込みいただけますか。

memo ⋯⋯

- 「申す」は丁重語だが、「申し込む」「申し付ける」などの「申し」には丁重の意味合いは薄く、「お申し込みになる」「お申し付けになる」「お申し込みいただく」などの形で尊敬表現や謙譲表現として使われる。

申し付ける 〔もうしつける〕

尊 申し付けられる・お申し付けになる・お申し付けなさる・お申し付けくださる

- 部下二人にお客様の接待役をお申し付けになった。

●もちかえる

● ご用の際はご遠慮無くお申し付けください。

要求・依頼 申し付けてください・お申し付けください

NG お申し付けになられる

memo ·····
● 「申し付ける」は目上から目下の者に命令する意なので、謙譲表現はない。

持ち帰る 〔もちかえる〕

尊 持ち帰られる・お持ち帰りになる・お持ち帰りなさる

● 週末仕事を家に持ち帰られることがおありですか。

● ピザはお持ち帰りになれます（✘お持ち帰りできます）。

NG お持ち帰りになられる・お持ち帰りされる・お持ち帰りできる

謙 持ち帰らせていただく 相手に お持ち帰りいただく

● この件は社に持ち帰らせていただいてよろしいでしょうか。

● ピザはお持ち帰りいただけます。

NG お持ち帰りしていただく

持つ 〔もつ〕

尊 持たれる・お持ちになる・お持ちなさる・持ってくださる・お持ちくださる

● お荷物は各自でお持ちになってください。

● あの方はいろいろな資格をお持ちになっています［お持ちです］。

● カメラに興味をお持ちになったのはいつごろですか。

● 親切にしてくれた青年に好意を持たれた［お持ちになった］。

● 初めて１年生を持たれたご感想はいかがですか。

● パンフレットはどうぞお持ちください（✘お持ちしてください）。

NG お持ちになられる・お持ちされる・お持ちしてくださる

Point ２例目の「お持ちになっています」は、丁寧語の「です」を使って「お

222

●もってくる

持ちです」ということができるが、このほうが敬意は低い。

謙 **お持ちする・お持ちいたす・お持ち申し上げる・持たせていただく** 相手に **持っていただく・お持ちいただく**

● お料理をお持ちしました。
● 交通費は当方がお持ちします［持たせていただきます］。
● すみませんが、荷物を持っていただけないでしょうか。

memo
• 「持つ」の敬語は手に持つ、所有する、感情などをいだく、料金を負担する、受け持つなどの意で使われる。

持って行く 〔もっていく〕

尊 **持って行かれる・持っていらっしゃる・持参される・（ご）持参なさる・持参してくださる・ご持参くださる**

● 雨の予報が出ていますので傘は持って行かれた［持っていらっしゃった］ほうがよろしいですよ。
● ご友人の誕生会に招かれてワインを持参なさった。

NG ご持参される

重 **持って参る・持参いたす**

● 旅行には必ず胃薬を持って参ります［持参いたします］。

memo
• 「持って行く」の代わりに「持参する」ということもできる。

持って来る 〔もってくる〕

尊 **持って来られる・持っていらっしゃる・持参される・（ご）持参なさる・持参してくださる・ご持参くださる**

● 筆記用具は持って来られましたか［持っていらっしゃいましたか］。

223

●もてなす

- 印鑑を持参されましたか（**✕**ご持参されましたか）。
- 落とし物をお受け取りの際は身分証明書をご持参ください。

NG ご持参される

重 持って参る・持参いたす

- 昼食は弁当を持って参りました［持参いたしました］ので、どうぞお気遣いなく。

memo
- 「持って来る」の代わりに「持参する」ということもできる。

もてなす 〔もてなす〕

尊 もてなされる・おもてなしになる・おもてなしなさる

- お客様を手料理でもてなされた［おもてなしになった］。

NG おもてなしになられる・おもてなしされる

謙 おもてなしする・おもてなしいたす・おもてなし申し上げる

- 当旅館ではお客様を心を込めておもてなしいたしております。

戻す 〔もどす〕

尊 戻される・お戻しになる・お戻しなさる

- 山田さんは読み終えた本をもとの所に戻された。
- 提出された報告書に間違いがあって、担当者にお戻しになった。

NG お戻しになられる・お戻しされる

謙 お戻しする・お戻しいたす

- 余分にいただいた代金はお戻しいたします。

memo
- 「戻す」の代わりに「返す」ということもできる。⇨**返す**

●もらう

求める　〔もとめる〕

尊 求められる・お求めになる・お求めなさる

- 社長は経営方針について役員一人ひとりに意見を求められた。
- ご友人に資金援助をお求めになったそうですね。
- 先生は教育者としてどこまでも理想を求められる方です。
- それはどちらでお求めになりましたか。

NG お求めになられる

memo
- 要求する、追求する、探し求める、買うなどの意で用い、謙譲表現は通常使わない。⇨**買う**

戻る　〔もどる〕

尊 戻られる・お戻りになる・お戻りなさる

- 部長は昨日海外出張から戻られた［お戻りになった］。
- 「ただ今山田は外出しております」「何時ごろお戻りになりますか」

NG お戻りになられる・お戻りされる

Point ２例目は、戻ることの意の尊敬語「お戻り」を使い「お戻りは何時になりますか」のようにいうこともできる。

謙 戻らせていただく

- 話がそれましたので元に戻らせていただきます。
- 仕事に戻らせていただきます。

貰う　〔もらう〕

尊 貰われる・お貰いになる・受け取られる・お受け取りになる・受賞される・（ご）受賞なさる

- 記念品をお受け取りになりましたか［△おもらいになりましたか］。
- 絵画コンクール一般の部で金賞を受賞なさった［△もらわれた・△

225

● やくそくする

おもらいになった］そうですね。

NG お貰いになられる・お受け取りになられる・ご受賞される

Point 「貰う」は比較的ぞんざいな言葉なので、目上の人に対して使うのは敬意に欠ける感があり、物の場合は「受け取る」、賞の場合は「受賞する」と言い換えるほうが適切。

謙 いただく・頂戴する・頂戴いたす・賜る

● 就職祝いに先輩から本をいただいた［頂戴した］。

● 先日は結構なお品を頂戴いたしましてありがとうございました。

● それでは来賓の方からお言葉を賜ります。

● 金一封を賜る。

【や】

約束する ［やくそくする］

尊 約束される・（お）約束なさる・お約束になる・約束してくださる・お約束くださる

● お子さんに夏休みは一緒に昆虫採集すると約束なさったそうですね。

● これからは必ず時間を守ると約束してくださいますか。

NG お約束になられる・お約束される・お約束してくださる

要求・依頼 約束してください・お約束ください・約束してくださいますか・お約束くださいますか

謙 お約束する・お約束いたす・お約束申し上げる 相手に 約束していただく・お約束いただく

● 今度こそ締め切りを守ります。お約束します。

● このことは口外しないとお約束いたします。

● 絶対うそをつかないと約束していただけますか（✗お約束していただけますか）。

NG お約束していただく

●やとう

| 要求・依頼 | 約束していただけますか・お約束いただけますか

休む 〔やすむ〕

尊 休まれる・お休みになる・お休みなさる

- 課長は風邪で今日はお休みなさる（✘お休みされる）そうです。
- 長旅でお疲れでしょうからゆっくりお休みになってください（✘お休みになられてください）。
- いつも何時にお休みになりますか（✘お休みになられますか）。

NG お休みになられる・お休みされる

謙 お休みする・お休みいたす・休ませていただく

- 明日は健康診断のため午前中お休みします。
- 午後の診療は都合によりお休みいたします［△休ませていただきます］。
- 少し気分が悪いのでここでしばらく休ませていただけますか。
- もう遅いのでお先に休ませていただきます。

Point 「〜（さ）せていただく」という言い方は基本的には相手の許可や承認のもとにそのことをやらせてもらうという意で使うものなので、自分の都合で休むような場合には避けたほうがよい。

memo

- 「休む」の敬語は、欠勤・欠席する、休止する、休暇を取る、休息・休憩する、眠る、寝るなどの意で使われる。⇨**眠る・寝る**

雇う 〔やとう〕

尊 雇われる・お雇いになる・お雇いなさる・採用される・ご採用になる・（ご）採用なさる

- セールの間だけアルバイトを雇われてはいかがですか。
- 今年は新卒を何人お雇いになる［採用される］おつもりですか。

NG お雇いになられる

227

●やめる

Point 選んで雇う意では「採用する」ということもできる。

謙 [相手に] 雇っていただく

●こちらで雇っていただけないでしょうか。

Point 雇う側のほうが立場が上なので、「お雇いする」「雇わせていただく」のような働き手に対する謙譲表現はない。

止める 〔やめる〕

尊 止められる・お止めになる・お止めなさる・止めてくださる・お止めくださる・およしになる

●急に仕事が入って旅行を止められたそうですね。

●タバコをお止めになって何年ですか。

●危険な行為はお止めください。

●冗談はおよしになってください。

NG お止めになられる

Point 「止める」の代わりに、「よす」を使って「およしになる」ということもできる。

謙 止めさせていただく

●雨天の場合は野外での行事は止めさせていただきます。

辞める 〔やめる〕

尊 辞められる・お辞めになる・お辞めなさる

●ご家庭の事情で仕事をお辞めになるそうですね。

●会社を辞められて［退職なさって］念願だったカフェを始められた。

●任期途中で議員をお辞めになった［辞職なさった］。

●健康上の理由で会長を辞められた［辞任された］。

NG お辞めになられる

●やる（①与える）

謙 辞めさせていただく

●申し訳ありませんが忘年会の幹事を辞めさせていただけないでしょうか。

memo
● 会社などを辞める場合は「退職する」、ある職に就いている人が自分からその職を辞める場合は「辞職する」、任務や役目を自分から辞める場合は「辞任する」ということもできる。

やる

① 与える

尊 おやりになる・おやりなさる・与えられる・お与えになる・お与えなさる

●お孫さんにお小遣いをおやりになった［お与えになった］。
●あの人にコンサートのチケットをおやりになったのですか。

NG おやりになられる・お与えになられる

謙 差し上げる

●先着50名様に記念品を差し上げます。
●お客様にお茶を差し上げてください。

丁 上げる

●この中から好きな物を一つあげる。
●あなたにこの本をあげます。

memo
● 「上げる」は本来は動作を受ける人を高めていう謙譲語だが、相手への敬意は軽く、現在では丁寧な言い方として同等以下の人に対して使われる。目上の人に対しては「差し上げる」というほうがよい。通常、「あげる」と書くことが多い。
● 「やる」がぞんざいな言い方であることから、人以外の動物や植物に対して、「犬にえさをあげる」「花に水をあげる」のように使われることがある。

229

●やる（②する）

② する

尊 やられる・おやりになる・される・なさる

- 宴会では何をやられる［おやりになる・なさる］おつもりですか。
- 趣味で俳句をおやりになる（✗おやりになられる）そうですね。

NG おやりになられる

謙 やらせていただく・させていただく

- それではものまねをやらせていただきます。
- ご指名により司会をさせていただきます。

NG やらさせていただく

重 いたす

- 後片付けは私がいたします。

③ ～してやる

尊 ～しておやりになる

- 友達にお金を貸しておやりになった。
- 困っている人を見ると必ず助けておやりになる。

謙 ～して差し上げる

- 私がお似合いの色の服を選んで差し上げます。
- 駅まで送って差し上げましょうか。

丁 ～してあげる

- 勉強を教えてあげよう。
- 珍しい物を見せてあげましょうか。

Point 「～してあげる」は本来は謙譲表現だが、相手への敬意は軽く、現在では丁寧な言い方として同等以下の人に対して使われる。目上の人に対しては「～して差し上げる」というほうがよい。

●ゆるす

譲る　〔ゆずる〕

尊 譲られる・お譲りになる・お譲りなさる・譲ってくださる・お譲り
くださる

- ●電車でお年寄りに席を譲られる［お譲りになる］。
- ●社長の座を息子さんに譲られる［お譲りになる］。
- ●このギター、お使いにならないのでしたら譲ってくださいませんか。

NG お譲りになられる・お譲りされる・お譲りしてくださる

要求・依頼 譲ってください・お譲りください・譲ってくださいませんか・
お譲りくださいませんか

謙 お譲りする・お譲りいたす・お譲り申し上げる　**相手に** 譲ってい
ただく・お譲りいただく・お譲り願う

- ●古い機種のパソコンでよかったら安くお譲りしますよ。
- ●絶版になった本をお持ちでしたら譲っていただけませんか。
- ●これは申し訳ありませんがお譲りいたしかねます。

NG お譲りしていただく

要求・依頼 譲っていただけますか・お譲りいただけますか・譲っていただ
けませんか・お譲りいただけませんか

可能 お譲りできます　**不可能** お譲りできません・お譲りしかねます・お
譲りいたしかねます

memo ....

- ●「譲る」の敬語は、譲渡する、自分をあとにしてほかの人を優先する、など
の意のほかに、「売る」の婉曲表現としても使われる。⇨**売る**

許す　〔ゆるす〕

尊 許される・お許しになる・お許しなさる・許してくださる・お許し
くださる

- ●娘さんの一人旅をよくお許しになりましたね［許可されましたね］。
- ●長い間のご無沙汰をお許しください。

●よい

●不行き届きの点がありましたらなにとぞお許しください［ご容赦ください］。

NG お許しになられる・お許しされる

謙 相手に **許していただく・お許しいただく・お許し願う**

●二人の結婚を許していただけませんか［許可していただけませんか］。
●先方に何度も納期の遅れを詫びてなんとか許していただいた。

memo ···
• 「許す」の代わりに「認める」「許可する」「容赦する」などということもできる。⇨**認める**

よい

改 **よろしい・結構**

●ご都合のよろしい時間にお伺いします。
●お体の具合はもうよろしいのですか。
●「就職が決まりました」「それはよろしゅうございました」
●私でよろしければお手伝いさせてください。
●ご注文は以上でよろしいでしょうか（✕よろしかったでしょうか）。
●お先に失礼してもよろしいですか［よろしいでしょうか］。
●もう帰ってよろしい。
●結構なものを頂戴しましてありがとうございました。
●手続きが終わりましたらお帰りになって結構です。

memo ···
• 「よろしい」は「よい」の改まった言い方。
• 「～でよろしい」「～して（も）よろしい」の形で、許可や許容を表す言い方になる。相手に許可や許容を求めるときの語尾は「よろしいですか」より「よろしいでしょうか」のほうが丁寧で柔らかな言い方になる。
• 5例目は注文したのは確かに過去になるが、現在の状態を尋ねているわけなので、「よろしかったでしょうか」と過去形でいうのは間違い。
• 相手に許可を与えるときには7例目のようにいうが、命令口調で、ときに尊大な言い方になる。「もう帰ってよろしいですよ」とすれば穏やかな言い方

232

●ようぼう

になる。

- 「結構」は、すぐれていて申し分ない、大変よい、の意のほか、「～して結構です」の形で「～してよい」の意となる。また、いらない、不要の意の婉曲表現としても使われる。⇨**要らない**

用意する 〔よういする〕

尊 用意される・（ご）用意なさる・ご用意になる・用意してくださる・ご用意くださる

- お孫さんの誕生日のお祝いにプレゼントを用意された。
- 入場券をお手元にご用意なさって（✕ご用意して）お待ちください。
- パスポート申請の際は写真をご用意ください。

NG ご用意になられる・ご用意される・ご用意してくださる

Point 2例目で、相手の行為に謙譲表現の「ご用意する」を使うのは間違い。

謙 ご用意する・ご用意いたす・ご用意申し上げる・用意させていただく　**相手に** 用意していただく・ご用意いただく

- 昼食はこちらでご用意します。
- 当店ではオリジナル商品を多数ご用意いたしております。
- 会議用の資料を人数分用意していただけますか（✕ご用意していただけますか）。

NG ご用意していただく

memo

- 「用意する」の代わりに「準備する」ということもできる。⇨**準備する**

要望 〔ようぼう〕

尊 ご要望

- 住民の方からのご要望で防犯カメラが設置された。
- 何かご要望はございますか。
- 残念ながらご要望にお応えすることはできません。

233

●よぶ

呼ぶ 〔よぶ〕

尊 呼ばれる・お呼びになる・お呼びなさる

- 田中さんは通りの向こうにいる人を大きな声でお呼びになった。
- 奥様のことを何とお呼びになりますか。
- お子さんの急病で救急車を呼ばれた［お呼びになった］。
- ご近所の方をお呼びになってホームパーティーをなさるそうですね。

NG お呼びになられる

謙 お呼びする・お呼びいたす・お呼び申し上げる・呼ばせていただく

- お名前をお呼びするまでそちらでお待ちください。
- タクシーをお呼びしましょうか。
- 本日はゲストをお呼びしております。

memo
- 「呼ぶ」の敬語は、声をかける、来てもらう意のほか、招く、招待する意でも使われる。⇨**招く**

読む 〔よむ〕

尊 読まれる・お読みになる・お読みなさる・ご覧になる・読んでくださる・お読みくださる・ご覧ください

- 使用説明書は読まれましたか［ご覧になりましたか］。
- ノーベル賞作家の本はお読みになりましたか。
- お配りした資料をお読みください［ご覧ください］。

NG お読みになられる・ご覧になられる

要求・依頼 読んでください・お読みください・ご覧ください

謙 お読みする・お読みいたす・読ませていただく・拝読する・拝読いたす・拝見する・拝見いたす **相手に** 読んでいただく・お読みいただく・ご覧いただく

●よろこぶ

- ●お名前は何とお読みするのですか。
- ●先輩がお書きになったエッセーを楽しく読ませていただきました。
- ●お手紙、拝読いたしました［拝見いたしました］。
- ●報告書をまとめましたのでお読みいただけますか。

NG 読まさせていただく

要求・依頼 読んでいただけますか・お読みいただけますか・ご覧いただけますか

memo
- ●「拝読する」は敬意の高い謙譲語。「する」を尊敬語の「される」「なさる」にして、相手に「拝読されましたか」などというのは間違い。

寄る 〔よる〕

尊 寄られる・お寄りになる・お寄りなさる・お寄りくださる

- ●山田さんは病院に寄られてから出社なさるそうです。
- ●ちょっとうちにお寄りになりませんか。
- ●お近くにお越しの際はぜひお寄りください。

NG お寄りになられる

謙 お寄りする・お寄りいたす・寄らせていただく

- ●近くまで来ましたのでちょっとお寄りしました。
- ●せっかくのお誘いですが、今日はこれから用がありましてお宅には今度また寄らせていただきます。

喜ぶ 〔よろこぶ〕

尊 喜ばれる・お喜びになる・お喜びなさる・喜んでくださる・お喜びくださる

- ●先生は卒業生からのプレゼントを大変喜ばれた。
- ●初孫の誕生をことのほかお喜びになった（✕お喜びになられた）。
- ●外国からのお客様は日本風のおもてなしを喜んでくださった。

●らいしゃする

NG お喜びになられる

謙 お喜び申し上げる　[相手に] 喜んでいただく

● この度の受賞、心からお慶び申し上げます。

● 手料理を喜んでいただけて本当によかったです。

Point 祝い事では「慶ぶ」と書くことが多い。また、名詞の「お慶び」を使い、祝いの言葉として「新春［米寿］のお慶びを申し上げます」のようにもいう。

【ら】

来社する　〔らいしゃする〕

尊 来社される・（ご）来社なさる

● 佐藤様が10時に来社されるそうです。

NG ご来社される

謙 [相手に] 来社していただく・ご来社いただく

● 明日午後のご都合のよろしい時間にご来社いただけないでしょうか。

NG ご来社していただく

来店する　〔らいてんする〕

尊 来店される・（ご）来店なさる・ご来店になる・来店してくださる・ご来店くださる

● 田中様はときどきお一人で来店されます（✕ご来店されます）。

● どうぞまたご来店くださいませ。

NG ご来店になられる・ご来店される・ご来店してくださる

Point 再度の来店を待つことを客に伝えるときは、「またのご来店をお待ち申し上げます」のようにもいう。

●りかいする

| 謙 | 相手に 来店していただく・ご来店いただく

● 今度はいつご来店いただけますか。

NG ご来店していただく

memo
- 「〜していただく」「お（ご）〜いただく」は相手に何かをしてもらうという意の謙譲表現。自主的に来店した客に「本日はご来店いただきましてありがとうございます」というと、客の行為に謙譲表現を使うことになるので間違い。この場合は尊敬表現で「本日はご来店くださいましてありがとうございます」という。

理解する 〔りかいする〕

尊 理解される・（ご）理解なさる・ご理解になる・理解してくださる・ご理解くださる

● 部長は若い人の気持ちをよく理解なさっておられる。
● 当方の事情をなにとぞご理解ください（✖ ご理解してください）。

NG ご理解になられる・ご理解される・ご理解してくださる

謙 | 相手に 理解していただく・ご理解いただく・ご理解願う

● 先方には当社の事情をなんとか理解していただきました（✖ ご理解していただきました）。
● 私の苦しい立場もご理解いただけないでしょうか。

NG ご理解していただく

重 理解いたす

● 自分の今の立場は十分理解いたしております。
● あなたのおっしゃることは理解いたしかねます。

memo
- 「理解する」の代わりに「分かる」ということもできる。⇨**分かる**

237

●りょうかいする

了解する　〔りょうかいする〕

尊 了解される・（ご）了解なさる・ご了解になる・了解してくださる・ご了解くださる

- この件について先方は了解されていますか。
- 交通事情による遅配につきましてはなにとぞご了解ください。

NG ご了解になられる・ご了解される・ご了解してくださる

謙 相手に 了解していただく・ご了解いただく

- ご著書の電子化につきましてご了解いただけないでしょうか。

NG ご了解していただく

重 了解いたす

- その件は了解いたしております。
- 「書類を急いで作成してもらいたい」「承知いたしました」

Point 目上の人からの命令・依頼などを承諾する意で用いることがあるが、受け答えとしてはやや事務的なので、「承知いたしました」「かしこまりました」というほうが適切。

了承する　〔りょうしょうする〕

尊 了承される・（ご）了承なさる・ご了承になる・了承してくださる・ご了承くださる

- 先方からの提案を了承されたのですか［ご了承なさったのですか］。
- 商品のお届けは1週間後になりますのでご了承ください。

NG ご了承になられる・ご了承される・ご了承してくださる

謙 相手に 了承していただく・ご了承いただく

- この件につきまして了承していただけますでしょうか［ご了承いただけますでしょうか］。

NG ご了承していただく

238

●りようする

重 了承いたす

● お申し越しの件、了承いたしました。

利用する 〔りようする〕

尊 利用される・(ご)利用なさる・ご利用になる・利用してくださる・ご利用くださる

● この作品は廃材を上手に利用なさっていますね。

● 通販はよくご利用になりますか（✖ご利用になられますか）。

● このクーポン券は全国の加盟店でご利用になれます（✖ご利用できます）。

● 表玄関は夜間はご利用になれません（✖ご利用できません）。

● お急ぎの方は快速急行をご利用ください。

NG ご利用になられる・ご利用される・ご利用してくださる・ご利用できる

要求・依頼 利用してください・ご利用ください・利用してくださいますか・ご利用くださいますか

可能 ご利用になれます **不可能** ご利用になれません

謙 利用させていただく **相手に** 利用していただく・ご利用いただく

● 駐車場はお隣の空き地を利用させていただいています。

● 夜間の出入りは裏の通用口をご利用いただけますか。

NG ご利用していただく

要求・依頼 利用していただけますか・ご利用いただけますか

memo ··

● 「～していただく」「お（ご）～いただく」は相手に何かをしてもらう意の謙譲表現。自主的に利用する客に対して「本日はご利用いただきましてありがとうございます」というと、客の行為に謙譲表現を使うことになり間違い。この場合は尊敬表現で「本日はご利用くださいましてありがとうございます」という。

●りょこうする

旅行する 〔りょこうする〕

尊 旅行される・（ご）旅行なさる

- 定年後に日本中を旅行なさるのが夢だそうですね。

NG ご旅行される

重 旅行いたす

- 若いころは友達とよく旅行いたしました。

留守 〔るす〕

尊 お留守・ご不在

- お隣はお留守のようですよ。
- ちょっとお寄りしたのですがお留守［ご不在］でしたので改めてお伺いします。
- 旅行や用事などでご不在の場合は期日前に投票ができます。

memo ....

- 「留守」は出かけていて家にいないこと、の意。「不在」はいるべきところにいない意で、家のほかに会社などにいない、席を外している場合などにいう。
- 自分が留守にする意では丁重表現で「しばらく留守にいたします」のようにいう。

連絡する 〔れんらくする〕

尊 連絡される・（ご）連絡なさる・ご連絡になる・連絡してくださる・ご連絡くださる

- 会社に午後から出社されることをもう連絡されましたか（✗ご連絡されましたか）。
- スケジュールの変更を関係者に至急連絡してください。

NG ご連絡になられる・ご連絡される・ご連絡してくださる

要求・依頼 連絡してください・ご連絡ください・連絡してくださいますか・

240

●わかる

ご連絡くださいますか

謙 ご連絡する・ご連絡いたす・ご連絡申し上げる・連絡させていただく 　[相手に] 連絡していただく・ご連絡いただく

- その件につきましては追ってご連絡いたします。
- 後ほど連絡させていただきます。
- ご相談したいことがありますのでご連絡いただけますでしょうか。

NG ご連絡していただく

[要求・依頼] 連絡していただけますか・ご連絡いただけますか・ご連絡いただけますでしょうか

老人 〔ろうじん〕

尊 お年寄り・ご老人・ご老体・お年を召した方

- お年寄りに席を譲る。
- ご老体をわずらわせることになって申し訳ございません。
- あちらのお年を召した方はどなたですか。

Point 中年以上の人に対しては「ご年配の方」という。

謙 愚老

- 愚老のたわごととお聞き流しください。

【わ】

分かる 〔わかる〕

尊 お分かりになる・分かってくださる・お分かりくださる

- あの方がどなたかお分かりになりますか。
- あの方は物のよしあしがお分かりにならない。
- 私の立場もどうか分かってください［ご理解ください］。

NG お分かりになられる

241

● わかれる

謙 相手に **分かっていただく・お分かりいただく**

- 事の経緯について以上のご説明でお分かりいただけた［ご理解いただけた］でしょうか。

memo

- 「分かる」の代わりに「理解する」ということもできる。⇨**理解する**
- 要求や依頼を受けて「分かりました」という場合は、謙譲表現で「かしこまりました」、丁重表現で「承知いたしました」「了解いたしました」「了承いたしました」、丁寧表現で「承知しました」「了解しました」「了承しました」のようにいう。⇨**了解する・了承する**
- 相手の言うことや気持ち、状況などが「分かりません」という場合は、「分かりかねます」、あるいは丁重表現で「理解いたしかねます」のようにいうと穏やかな言い方になる。
- 「分からないところ」の尊敬表現は「お分かりにならないところ」「ご不明な点」などで、「ご不明な点はございますか」のようにいう。
- 「分かりづらい」の尊敬表現は「お分かりになりにくい」。

別れる 〔わかれる〕

尊 **別れられる・お別れになる・お別れなさる**

- 先方との商談のあと、部長とはどちらでお別れになったのですか。

NG お別れになられる・お別れされる

謙 **お別れする・お別れいたす・お別れ申し上げる**

- 部長とは駅でお別れしました。
- 私は支店に回りますので部長とはここでお別れいたします。

分ける 〔わける〕

尊 **分けられる・お分けになる・お分けなさる・分けてくださる・お分けくださる**

- 財産を 3 人のお子さんに平等にお分けになった。
- 旅先で買った名物のお菓子です。皆さんで分けてください。

●わたしたち

NG お分けになられる・お分けされる・お分けしてくださる

謙 お分けする・お分けいたす・お分け申し上げる 　相手に 分けて
いただく・お分けいただく

●菜園でとれた野菜を皆さんにお分けして喜んでいただいた。
●花の種を少し分けていただけませんか。

忘れる 〔わすれる〕

尊 忘れられる・お忘れになる・お忘れなさる・失念される・失念な
さる・忘れてくださる・お忘れくださる

●あわてて家を出られて電気を消すのをお忘れになった。
●お降りの際は傘をお忘れになりませんようにお気をつけください。
●部長が取引先との打ち合わせを失念されるなんて珍しいですね。
●そのことはどうぞお忘れください。

NG お忘れになられる

謙 忘れさせていただく 　相手に 忘れていただく・お忘れいただく

●それはもう過ぎたことですから忘れていただけますか。

重 失念いたす

●お名前を失念いたしまして申し訳ありません。

memo
●「失念する」はうっかりして忘れる意。

私たち 〔わたしたち〕

➡皆

わ

243

●わたす

渡す 〔わたす〕

尊 渡される・お渡しになる・お渡しなさる・渡してくださる・お渡し
くださる

- 嫁ぐ日の朝、ご両親は娘さんに手紙をそっとお渡しになった。
- 切符は係員にお渡しください。

  NG お渡しになられる・お渡しされる・お渡ししてくださる

  要求・依頼 渡してください・お渡しください・渡してくださいますか・お
  渡しくださいますか

謙 お渡しする・お渡しいたす・お渡し申し上げる　**相手に** 渡してい
ただく・お渡しいただく・お渡し願う

- 商品は代金と引き換えにお渡しいたします。
- 山田さんにこの書類をお渡しいただけますか（**✗**お渡ししていただ
  けますか）。

  NG お渡ししていただく

  要求・依頼 渡していただけますか・お渡しいただけますか・お渡し願えま
  すか

詫びる 〔わびる〕

➡**謝る**

笑う 〔わらう〕

尊 笑われる・お笑いになる・お笑いなさる

- 絵が下手だからってそんなにお笑いにならないでください。

  NG お笑いになられる

謙 笑わせていただく

- 先輩の宴会芸には大いに笑わせていただきました。

244

パターンで覚える
NG敬語

　ここでは、本文のNG例にも掲
げた、よく間違って使われる例を
パターン別に分けて、簡潔にまと
めました。
　正しい敬語を使うために、正解
例（〇）を参考に、基本パターン
を覚えておきましょう。

❶

お［ご］〜になられる ✕

✕ 新車の乗り心地を**お試しになられ**ますか？

⭕ 新車の乗り心地をお試しになりますか？

✕ お客様は先ほど**お帰りになられ**ました。

⭕ お客様は先ほどお帰りになりました。

✕ それはどちらで**お求めになられ**ましたか。

⭕ それはどちらでお求めになりましたか。

✕ バスを**ご利用になられる**方はこちらにお並びください。

⭕ バスをご利用になる方はこちらにお並びください。

✕ 今話題の映画はもう**ご覧になられ**ましたか。

⭕ 今話題の映画はもうご覧になりましたか。

＼ここだけは押さえよう／

相手の行為をいう「お［ご］〜になる」の「なる」を「なられる」としない。

解説 「お［ご］〜になる」は、すでにそれだけで相手に対する尊敬語となっています。その「なる」に尊敬の助動詞「れる」を付け加えて「なられる」とすると「二重敬語」になるのでNGです。

246

2

お[ご]〜される

✖ ピザを**お持ち帰りされ**ますか？
⭕ ピザを<u>お持ち帰りになり</u>ますか？

✖ 先生は生徒の門出を**お祝いされ**た。
⭕ 先生は生徒の門出を<u>お祝いなさっ</u>た。

✖ **ご試着され**ますか？
⭕ <u>ご試着なさいますか［ご試着になりますか］</u>？

✖ 駐車場を**ご利用される**お客様は事前にご予約ください。
⭕ 駐車場を<u>ご利用なさる</u>お客様は事前にご予約ください。

✖ **ご出席される**方はこちらまでご返信ください。
⭕ <u>ご出席なさる</u>方はこちらまでご返信ください。

＼ ここだけは押さえよう ／

**相手の行為をいうのに「お[ご]〜される」は使わない。
「お[ご]〜なさる」とすればOK。**

解説 「される」は「する」の尊敬語、「お［ご］〜する」は自分の行為をいう謙譲語で、両方を合わせた形で使うことはできません。

パターンで覚えるNG敬語

247

3

お[ご]〜してくださる・
お[ご]〜していただく

✖ **お手伝いして**くださる方はいらっしゃいますか。

◯ お手伝い［手伝って］くださる方はいらっしゃいますか。

✖ 品質に問題はございませんので**ご安心して**ください。

◯ 品質に問題はございませんのでご安心［安心して］ください。

✖ 暗いので足元に**ご注意して**ください。

◯ 暗いので足元にご注意［注意して］ください。

✖ それは**お返しして**いただく必要はありません。

◯ それはお返し［返して］いただく必要はありません。

✖ 町の名所を**ご案内して**いただけませんか。

◯ 町の名所をご案内［案内して］いただけませんか。

＼ ここだけは押さえよう ／

「お[ご]〜くださる」「お[ご]〜いただく」に「して」
を付けない。

解説 「お［ご］〜くださる」（尊敬）、「お［ご］〜いただく」（謙譲）は、
相手の行為を指しますが、「お［ご］〜する」は自分の行為に対し
て使う謙譲表現です。両方を合わせた形で「お［ご］〜してくだ
さる［いただく］」というのは間違い。「お［ご］」を付けずに、「〜
（し）ていただく」ということはできます。

248

4

お［ご］〜できる ✖

✖ ただ今特別に無料で**お試しできます**。

⭕ ただ今特別に無料でお試しになれます。

✖ この電車は回送のため**ご乗車できません**のでご注意ください。

⭕ この電車は回送のためご乗車になれませんのでご注意ください。

✖ お残しになった料理は**お持ち帰りできません**。

⭕ お残しになった料理はお持ち帰りになれません。

✖ 図書館は午後8時まで**ご利用できます**。

⭕ 図書館は午後8時までご利用になれます。

✖ お一人様2箱まで**ご購入できます**。

⭕ お一人様2箱までご購入になれます。

＼ここだけは押さえよう／

相手が「…することができる」というときの尊敬語は「お ［ご］〜になれる」を使う。

解説 「お［ご］〜できる」は自分から相手に対して「…することができる」 という意味の謙譲表現です。相手の行為に対して使うことはでき ません。

パターンで覚えるNG敬語

5

さ入れ言葉

✖ お先に帰ら**さ**せていただきます。

⭕ お先に帰らせていただきます。

✖ 先生のご本を読ま**さ**せていただきました。

⭕ 先生のご本を読ませていただきました。

✖ 明日は休ま**さ**せていただきたいのですが。

⭕ 明日は休ませていただきたいのですが。

＼ ここだけは押さえよう／

「〜させていただく」というときに「さ」を入れられないものがある。

解説 自分の行為を控えめにいう謙譲表現に「〜させていただく」がありますが、「さ」を入れることができないものがあります。

「〜させていただく」は上一段活用、下一段活用、サ変活用、カ変活用、漢語＋「する」に付き、「〜せていただく」は五段活用の動詞に付きます。つまり、五段活用の動詞は「さ」を入れずに「〜せていただく」とするのです。

このような文法を考えなくても、「さ」を入れることができないものは本文の各項目に **NG** として示してあるので、それぞれ覚えてしまいましょう。

250

6

「〜（さ）せていただく」
の使いすぎ

✖ この度立候補**させていただき**ました○○でございます。

⭕ この度立候補<u>いたしました</u>○○でございます。

✖ 当店では主に輸入雑貨を**扱わせていただい**ています。

⭕ 当店は主に輸入雑貨を<u>扱っています［おります］</u>。

＼ ここだけは押さえよう ／

「〜（さ）せていただく」は、基本的に、相手の許可や承認を得てそれをさせてもらうときに使う。

解説 「〜（さ）せていただく」は、本来は相手の許可や承認のもとにそれをさせてもらう意味があります。そのほか、相手に配慮しながら自分側の都合による行為や意向を伝える場合にも使われます。

相手にかかわりがなく、自分側の都合や意思でする場合は、丁重表現で「〜いたします」「〜ております」、あるいは、丁寧表現で「〜します」「〜ています」などという言い方をします。

謙虚さを表したくて、自分のすることに何でも「〜（さ）せていただく」を使う例を多く耳にしますが、多用するのは、かえって相手に不快感を与えてしまいます。スマートに使えるよう、少し意識してみましょう。

251

コラム

相手のすることに 「お[ご]〜する」は使わない

「お客様がご到着しました」
「このメニューをご注文したお客様にクーポンをプレゼント！」
「お休みするときは前もってご連絡ください」

　これらの言い方をよく耳にしますが、何がおかしいか分かりますか？
　「お[ご]〜する」は自分の行為について使う謙譲表現です。相手の行為について使うことはできません。
　相手の行為をいうときは、尊敬表現の「お[ご]〜になる」「お[ご]〜なさる」を使います。ほかに、「〜される」「〜なさる」ということもできます。

「お客様がご到着しました」は、
　⇨ **「お客様がご到着になりました」「お客様がご到着なさいました」**
「ご注文したお客様」は、
　⇨ **「ご注文になったお客様」「ご注文なさったお客様」**
「お休みするとき」は、
　⇨ **「お休みになるとき」「お休みなさるとき」**

　などとしましょう。

項目一覧

あ

挨拶する　12
相手　12
会う　12
上がる　13
空ける　14
開ける　14
上げる→与える　16・やる
　　229
足　15
預かる　15
預ける　16
遊ぶ　16
与える　16
あっち・あれ・あそこ　17
集まる　18
集める　18
謝る　19
洗う　20
争う　20
改める　20
表す　21
現す　21
ある　22
歩く　22
安心する　23
案内する　23
いい→よい　232
言う　24
家　25
行く　25
意見　26
忙しい　27
急ぐ　27
痛める　27
一緒に行く　28
いない　28
祈る　29
依頼する　29

要らない　30
要る　30
居る　31
入れる　31
祝う　32
引退する　33
植える　33
受け取る　33
受ける　34
動かす　35
動く　35
歌う　35
疑う　36
打ち明ける　36
打ち込む　37
打つ　37
移る　38
うまい　38
生まれる　38
恨む　39
売る　39
選ぶ　39
延期する→延ばす　186
援助する　40
遠慮する　41
起きる　42
贈り物　42
送る　42
贈る　43
行う　44
怒る　44
収める　45
納める　45
教える　46
落ち込む　47
落とす　47
驚く　47
覚える　48
思う　48
下りる　49
降りる　49

か

会社　49
外出する→出かける　151
回復する　50
買う　50
返す　51
帰る　52
変える　53
書く　53
確認する→確かめる　125
貸す　54
家族　55
勝つ　55
がっかりする　56
活躍する　56
悲しむ　57
加入する　57
構う　58
我慢する　58
通う　59
借りる　59
交わす　60
変わる　60
考える　60
感じる　61
感動する　61
頑張る　62
記憶する　63
着替える　63
聞く　63
築く　64
期待する　65
気遣う　65
気づく　66
気に入る　66
気にする　67
記入する　67
希望する→望む　185
決める　68

253

●項目一覧

気持ち　68
客　69
協力する　69
着る　70
気をつける　71
崩す　71
配る　71
悔やむ　72
暮らす　72
来る　73
苦しむ　74
くれる　75
苦労する　75
加える　76
契約する　76
消す　77
結婚する　77
決心する　77
見学する　78
元気　78
検討する　79
後悔する→悔やむ　72
購入する→買う　50
交流する　79
心遣い　80
答える　80
こっち・これ・ここ　81
言葉　81
断る　81
好む　82
こぼす　82
困る　82
転ぶ　83
壊す　83

さ

探す　83
下がる　84
下げる　85
支える　86
誘う　86
察する　87
覚ます　87
参加する　88

賛成する　88
支援する　89
叱る　90
辞退する　90
慕う　91
従う　91
親しむ　92
試着する　92
知っている　92
質問する→尋ねる　128
失礼する　93
指導する　94
死ぬ　95
支払う　95
示す　96
閉める　97
喋る→話す　194
住所　97
終了する　97
宿泊する→泊まる　165
受賞する　98
出演する　98
出勤する　99
出産する　99
出社する　100
出場する　100
出席する　101
出発する　101
準備する　102
紹介する　103
乗車する　103
上手　104
使用する→使う　139
招待する→招く　211
承諾する　105
食事　105
知らせる　106
調べる　107
知り合う　107
知る　108
信じる　108
心配する　109
吸う　110
救う　110
すごく　111

過ごす　111
進む　112
勧める　112
薦める　112
捨てる　113
住む　113
する　114
〜する　115
座る　116
説明する　116
責める　117
世話する　118
先方　118
早退する　119
相談する　119
送付する　120
育てる　120
そっち・それ・そこ　121
供える　121
備える　122
揃う　122
揃える　122

た

対応する　123
大事にする　123
退席する　124
体調　124
耐える　125
確かめる　125
足す　126
出す　126
助ける　127
携わる　127
訪ねる　128
尋ねる　128
立ち寄る　129
立つ　129
発つ→出発する　101
断つ・絶つ　130
楽しむ　131
頼む　131
食べる　132
試す　133

●項目一覧

頼る　134
誰　134
担当する　134
誓う　134
近づく　135
着席する　136
注意する　136
躊躇する　137
注目する　138
注文する　138
著者　139
使う　139
仕える　140
疲れる　140
付き合う　140
着く→到着する　159
注ぐ　141
継ぐ　142
尽くす　142
作る　143
付ける　143
告げる　144
伝える　144
続ける　145
包む　146
努める　146
勤める　147
務める　147
繋ぐ　148
積む　148
詰める　148
連れる　149
提案する　149
提示する　150
訂正する　150
手がける　151
出かける　151
手紙　152
〜できない　153
〜できる　153
手伝う　154
手続きする　155
手配する　155
出る　155
転勤する　156

伝言　156
電話する　157
問い合わせる　157
どう　158
登場する　158
同情する　159
到着する　159
同伴者　159
通す　160
通る　160
年寄り→老人　241
解く　161
説く　161
独立する　161
閉じる　162
年を取る　162
どっち・どれ・どこ　163
届ける　163
整える　163
調える　164
留まる　164
唱える　165
泊まる　165
止める　165
泊める　166
友達　166
取り扱う　167
取り替える　167
取り組む　168
取り消す　168
取り計らう　169
努力する　169
取り寄せる　170
取る　170
撮る　171
どれくらい　171
どんな→どう　158

な

無い　172
内緒　172
直す　172
治す　173
流す　174

眺める　174
仲良くする　174
泣く　175
慰める　175
亡くす　176
無くす　176
投げる　176
納得する　177
名前　177
悩む　178
習う　178
並ぶ　178
なる　179
似合う　179
握る　180
憎む　180
逃げる　180
入金する　181
入場する　181
抜く　181
脱ぐ　182
塗る　182
願う　183
眠る　183
寝る　184
残す　184
乗せる　184
載せる　185
望む　185
伸ばす　186
延ばす　186
述べる　187
上る・昇る　188
登る　188
飲む　189
乗り換える　189
乗る　190

は

配慮する　190
入る　191
計る　192
履く　192
運ぶ　193

255

●項目一覧

始める 193
働く 194
話す 194
省く 195
払う 195
反対する 196
判断する 196
控える 197
引き受ける 198
引き取る 198
引く 199
びっくりする→驚く 47
引っ越す 200
人 200
一人 201
開く 201
広げる 202
広める 202
深める 202
服 203
伏せる 203
踏む 203
増やす 204
振る舞う 204
触れる 205
勉強する 205
変更する 205
返事する 206
報告する 206
訪問する 207
褒める 207

ま

任せる 208
待たせる 208
間違える 209
待つ 209
まとめる 210
学ぶ 210
招く 211
守る 211
見送る 212
見かける 212
店 213

見せる 213
導く 214
見つける 214
認める 215
皆 215
見習う 216
身につける 216
見舞う 217
見る 217
みんな→皆 215
迎える 218
向く 219
向ける 219
結ぶ 219
命じる 220
迷惑する 220
面倒をみる 220
申し込む 221
申付ける 221
持ち帰る 222
持つ 222
持って行く 223
持って来る 223
もてなす 224
戻す 224
求める 225
戻る 225
貰う 225

や

約束する 226
休む 227
雇う 227
止める 228
辞める 228
やる 229
譲る 231
許す 231
よい 232
用意する 233
要望 233
呼ぶ 234
読む 234
寄る 235

喜ぶ 235

ら

来社する 236
来店する 236
理解する 237
了解する 238
了承する 238
利用する 239
旅行する 240
留守 240
連絡する 240
老人 241

わ

分かる 241
別れる 242
分ける 242
忘れる 243
渡す 243
詫びる→謝る 19
笑う 244

●主な参考文献・資料

『勘違い敬語の事典　型で見分ける誤用の敬語』奥村義信著（東京堂出版、2007年）

『新版　日本語から一発変換！　敬語言い換え辞典』（学習研究社、2005年）

『美しい敬語を身につける本』河路勝著（中経出版、2014年）

「敬語の指針」（文化庁文化審議会答申、2007年）

編者略歴

西谷 裕子 (にしたに・ひろこ)

　1948年生まれ。教職、出版社勤務を経て独立。主に辞典の編集、執筆に携わる。

　編著書として、『勘違いことばの辞典』『迷った時にすぐ引ける　勘違い敬語の辞典』『勘違い慣用表現の辞典』『「言いたいこと」から引ける　慣用句・ことわざ・四字熟語辞典』『「言いたいこと」から引ける　大和ことば辞典』『四季のことば辞典』『たべものことわざ辞典』『世界たべものことわざ辞典』『暮らしの健康ことわざ辞典』(以上、東京堂出版)、『身近なことばの語源辞典』(小学館) など多数。句集に『ポレポレ』(ふらんす堂)、『掌紋』(近代文芸社)、『記憶の糸』(七月堂)がある。

「言いたいこと」から引ける **敬語辞典**

2019年10月20日　初版発行
2024年 4月10日　4版発行

編　者	西谷裕子
発行者	金田　功
発行所	**株式会社 東京堂出版**
	〒101-0051　東京都千代田区神田神保町1-17
	電話(03)3233-3741
	http://www.tokyodoshuppan.com/
DTP	株式会社オノ・エーワン
印刷・製本	中央精版印刷株式会社

ⒸHiroko Nishitani, 2019, Printed in Japan
ISBN978-4-490-10912-2 C0581

東京堂出版●好評発売中

日本語文章チェック事典

石黒 圭 編著
本体 1,800円　四六判　384頁

●手紙、メール、LINEからレポート、ビジネス文章まで
幅広く使える、文章の書き方・直し方事典!!

本書の特徴
❶セルフチェック：執筆時の確認、執筆後の推敲など、自分で表現の修正が可能
❷改善例を明示：実際に悩みがちな例をbefore⇒afterで明快に提示
❸多ジャンル対応：多様な書き手のニーズに応えるため、多様なジャンル対応
　論文・レポート、ビジネス文書、ビジネスメール、ブログ・エッセー、SNS・LINE・チャットのジャンルラベル
　わかりやすさ、見やすさ、つかみ、正確さ、共感、論理、丁寧さ、親しみやすさの目的ラベル付き
❹主要項目を網羅：表記、語彙、文体、文法、文章、修辞
　文章の執筆に必要な内容を網羅!!
❺高い専門性：日本語研究各分野の専門家が専門知識を生かしてやさしく解説